RUGBY,
AMOUR ET FANTAISIE

ISBN : 978-2-263-14585-8
Code éditeur : S14585P/02
Dépôt légal : mai 2021

Retrouvez-nous sur www.lisez.fr

Solar, un département d'Édi8

FRANCIS DELTÉRAL

RUGBY, AMOUR ET FANTAISIE

50 HISTOIRES DU MONDE D'AVANT

SOLAR
EDITIONS

À Henri Garcia et Denis Lalanne,
les deux gendarmes d'*Un singe en hiver*
d'Antoine Blondin.

« S'il n'y avait pas eu la troisième mi-temps, je ne sais pas si j'aurais joué les deux premières. »

Laurent Pardo

(14 sélections en équipe de France)

« Plus je vieillis, meilleur j'étais. »

Jean-Pierre Rives

PRÉFACE

PAR HENRI GARCIA

LE RUGBY EST SON ROYAUME

En ce temps-là, Francis Deltéral entrait dans la vie, le 20 août 1947, à Audenge, sur le bassin d'Arcachon. En cette année de grâce, on reprenait le Tournoi, alors des Cinq Nations, après seize années où la France avait été confinée sur ordre de l'International Board. Le quai marquant, au-delà de la barrière de Bègles, l'entrée de la Garonne dans la capitale aquitaine, ne portait pas le nom des frères Moga. Pourtant, la célèbre fratrie faisait déjà les beaux jours du Club Athlétique Béglais, qui allait bientôt remporter la Coupe de France en 1949. Venu de son val d'Aran natal (comme le père de Robert Soro, du fameux attelage Soro-Moga), Miguel avait suivi le fleuve, depuis sa source espagnole jusqu'à cette entrée girondine. Il s'y établit pour fonder une famille avec une Creusoise. Toutes les années impaires naissait un solide garçon et, par coquetterie alphabétique, il leur donna un prénom commençant par A. Alfred en 1917, Alphonse en 1919, André en 1921 et enfin, en 1923, Alban, dit « Bambi » pour sa carrure exceptionnelle. Alphonse, pilier gauche, André et Alban en deuxième ligne, allaient assurer à la mêlée béglaise la réputation d'un pack de combat. Bambi fit les beaux jours du XV de France ; André, dit « le Grand » pour avoir été un des premiers avants à dépasser un mètre quatre-vingt-dix, eut l'honneur d'être sélectionné pour la première tournée tricolore, en 1949 en Argentine.

Derrière ces trois fils impressionnants, la famille Moga avait embauché un artiste à l'aile, un certain Jacques Delmas, que la grand-mère, Marcelline, avait mis en sécurité pendant l'Occupation. Celui-ci allait ajouter le nom de Chaban, choix d'un nom de code dans la Résistance, improvisé, alors qu'il avait trouvé refuge dans le Périgord, au château de Chaban. Cet illustre prédécesseur de Francis Deltéral, sous le maillot à damiers, allait devenir général, international n° 355 en 1945 contre l'Empire britannique, et maire de Bordeaux pendant un demi-siècle. Dans cette charge, il eut le solide appui du clan Moga, d'André particulièrement. Le « Grand » était un organisateur incomparable. Incontestable patron du CA Béglais dont le stade de Musard allait porter le nom, il fut le cerveau de la génération des « Jeunes Turcs » qui prirent d'assaut la Fédération, en novembre 1966, véritable leader des Batigne, Ferrasse, Basquet et autre Pebeyre.

Tout jeune, Francis fut un véritable moine-soldat de l'ovale. Faisant ses humanités chez les Jésuites, au collège de Tivoli, à Bordeaux, il sut vaincre les réticences de l'ordre et parvint à monter une équipe de rugby, dont il devint capitaine et entraîneur. Il avait adopté le précepte de Kléber Haedens : « Tout ce que la vie exige de l'homme se trouve en ordre dans une équipe de rugby. » Il n'est pas étonnant de le retrouver, pour sa dernière année du bac, au lycée de Bayonne, au sein de l'équipe des « Montagnards ». Monté à Paris pour y faire des études de droit, il est, bien entendu, capitaine et entraîneur du XV d'Assas. Mais sa véritable passion est le journalisme sportif, il suit donc les cours de l'EFAP (École française des attachés de presse). Il s'est mis en tête de faire un mémoire sur « L'évolution d'un quotidien sportif de *L'Auto* à *L'Équipe* ». Pour cela il réussit à obtenir un entretien avec Jacques Goddet, le « patron » en personne. Un lien solide s'est ainsi noué avec le Faubourg-Montmartre. Devenu l'ami de Jean-Pierre Lacour, il se propose pour de petits boulots en bénévole. Il prend ainsi contact avec le rugby, la natation puis le football amateur, discipline sur laquelle Tony Arbona et Philippe Tournon lancent une publication. Il postule à une place à la rédaction, mais Gaston Meyer, rédacteur en chef, lui rétorque que cela sera difficile, et en tout cas impossible tant qu'il n'aura pas fait son service militaire. Il entre donc dans l'Armée à Bordeaux, en 1970, et adhère, tout naturellement, au Club Athlétique Béglais des frères Moga. Athlète rapide, costaud, audacieux, il s'impose chez les Espoirs, à l'aile, le poste illustré à jamais par un certain Chaban-Delmas. Il gagne, à plusieurs reprises, sa titularisation en première à Oloron, à Brive et à Cognac, déplacements rugueux, ou pour affronter Agen et Mont-de-Marsan, ce qui n'est pas une sinécure. Rude apprentissage qui lui vaut, entre autres, l'estime d'André Moga.

J'entretenais des rapports très amicaux avec le « Grand ». Celui-ci non seulement présidait aux destinées du CAB mais était la cheville ouvrière et le vice-président de la FFR. Un beau jour, cité d'Antin, à la sortie d'un comité directeur, il me prit à part : « Voilà, Francis Deltéral, un de mes meilleurs Espoirs, est passionné par le journalisme sportif. Il a d'ailleurs fait quelques piges à *L'Équipe*. Pourrais-tu l'aider ? C'est un garçon très méritant. » À l'orée des années 1970 le rugby était entré dans tous les foyers, de l'Artois au Roussillon, et une moitié de France, qui n'avait jamais vu un match de rugby, emportée par le verbe de Roger Couderc, soutint avec chaleur les exploits du XV de France, qui venait de réaliser son premier Grand Chelem en 1968. La rubrique rugby de *L'Équipe* gagnait en espace. J'allais plaider la cause auprès de Gaston Meyer, mon ancien président au CA Français, club d'athlétisme, devenu grand supporter du Stade Cadurcien, d'Alfred Roques et André Melet, de la nécessité d'un nouveau renfort de la rubrique après ceux de Guy Lagorce, Christian Montaignac, Jean-Jacques Vierne, Jean-Pierre Lacour et Jean-Jacques Simmler. J'avançais aussi le fait que le groupe couvrait le tennis et le golf, et prêtait main-forte l'été à l'athlétisme et à la natation. Je réussis mon plaidoyer, à la faveur du départ d'Antoine Vierne, frère de « Jiji » Vierne et cousin d'Antoine Blondin. C'est ainsi qu'un beau jour, la veille de la mémorable finale Béziers-Toulon, en 1971, au futur stade Chaban-Delmas, un grand repas familial nous réunit à Facture, où il fut conclu que Francis rejoindrait les légions du Faubourg-Montmartre, dès qu'il aurait terminé ses dix derniers jours sous les drapeaux de la République. Avant que nous montions en voiture, Mme Deltéral me prit à part, anxieuse : « Monsieur Garcia, je vous le confie. Veillez sur lui ! »

Avec le recul, je pense avoir été un bon veilleur de jour. Pour ce qui est de la nuit, avec sa double amitié avec Jean-Jacques Simmler et Jean Cormier, c'est moins certain. Après avoir couvert une tournée du Japon en 1973, il passe ses vacances sur les bords du bassin d'Arcachon. André Moga lui demande alors de dépanner contre Béziers et Bagnères et de faire les déplacements à Toulon et à Tyrosse. Plus tard, il profite encore de ses loisirs pour jouer en troisième division, à Facture, dont son père est vice-président. Hélas ! il dut mettre fin à sa carrière à la suite de deux fractures successives de la jambe.

Francis, perdu pour le jeu mais passionné par le rugby, est devenu le plus sûr témoin de l'histoire ovalienne. Non seulement il a assisté à un nombre incomparable de matches, mais dans une carrière de quatre décennies à *L'Équipe* – et avant même sa retraite du quotidien sportif, le 31 mars 2008 –, Charles Biétry, dès mars 1985, l'entraînait dans l'aventure du commentaire télévisé sur Canal+. Il continue à y disséquer le jeu du Super Rugby et des tests dans l'hémisphère sud. Il suit l'évolution du rugby qui, en devenant professionnel en 1995, a perdu une part de cette chaleur humaine, pourtant l'une de ses vertus cardinales. Et son admiration perdure toujours pour le jeu des All Blacks, qui doit autant à la qualité offensive de leur jeu, qu'à cette générosité dans leurs relations extérieures, à laquelle ils restent fidèles.

Francis a su vivre le rugby avec toute sa passion, toute son affection, pour des acteurs qui devenaient souvent ses amis. Il est vrai qu'en ce temps-là nous partagions la vie des joueurs, leurs joies, leurs doutes et leurs peines. Comme dirait Kléber Haedens, « c'est un feu qui brûle. Il laisse chez les meilleurs quelque chose de doré ».

Plus qu'aucun autre, Francis a été le compagnon, souvent l'ami, de tous les grands joueurs de l'épopée qu'il a vécue, et même de ceux d'autrefois, et de toutes les nationalités. Son carnet d'adresses aurait l'épaisseur d'un dictionnaire s'il n'était pas devenu électronique. L'autre jour, il m'a secoué les tripes en m'envoyant des photos terribles de l'opération à la hanche de l'infortuné Walter Spanghero. Mais, dès le lendemain, pour me remonter le moral, il m'a étonné en me confiant qu'il avait téléphoné, dans leur Walhalla gallois, aux fameux Gareth Edwards et Barry John, et m'a décrit la joie des immortels Diables rouges en ravivant leurs souvenirs avec un journaliste français qui en avait été le témoin.

Passionné par le jeu, il joue les prolongations après sa retraite de *L'Équipe*, devenant un consultant incontournable à Canal+. Nul mieux que lui ne sait faire vivre les grands épisodes dans l'hémisphère sud. Sa fidélité l'amène à appeler ou à rendre visite à de glorieux anciens comme Lucien Mias, André Boniface, Benoît Dauga, Walter Spanghero, Jo Maso, Jean Trillo, André Herrero, Jacky Merquey, Jean-Pierre Rives ou Serge Blanco. C'est sa façon d'entretenir la flamme de ce jeu, en restant proche de ceux qui en ont assuré la légende. Dans sa généreuse quête d'amitié, il a la délicatesse de prendre régulièrement des nouvelles du vieil ermite retiré au pied de la Rhune. J'attends sa visite, pour connaître les dernières nouvelles du rugby et surtout, grâce à lui, je conserve quelque temps encore ce « quelque chose de doré ».

INTRODUCTION

C'ÉTAIT AU TEMPS OÙ LE RUGBY RUGBYSSAIT...

Toute cette affaire a été déclenchée par un brin de conversation avec Fabien Gatlhié. Au bout du compte le demi de mêlée, capitaine et entraîneur de l'équipe de France s'exclama : « Avec vous, c'était toujours mieux avant. » Et je lui répondis du tac au tac : « Non, Fabien, je ne dis pas que c'était mieux avant. Je dis que je préférais avant. Avant, c'était bien. Vraiment bien. »

Alors avant, c'était quoi ? À quoi ça correspondait ? À quelle époque ?

Un jour – c'était au tout début des années soixante –, Lucien Mias, le grand capitaine et deuxième-ligne de l'équipe de France vainqueur des Springboks en Afrique du Sud en 1958, se permit de faire la leçon à mon ami de *L'Équipe* Jean-Pierre Lacour, jeune journaliste venu voir à quoi ressemblait le rugby de province à Mazamet. « N'oubliez pas que vous êtes un journaliste de Paris, d'un grand journal parisien. Que l'on vous a envoyé voir un match parce que vous estimez que c'est un match intéressant. Vous arrivez là, décontracté. Vous venez pour un match, en souhaitant que ce soit un bon match, un match agréable à regarder. Mais ce n'est pas ça, le rugby de chez nous. À l'origine, c'est une bataille entre deux villages, entre deux villes qui s'opposent au travers de leur jeunesse respective, afin de savoir qui sera le plus fort. Vous ne vous souciez pas de ça, vous ne savez pas que ça existe. Les joueurs et les publics des deux villes le savent. Vous, vous n'avez rien vu sous cet angle, vous n'avez pas saisi l'enjeu. Dans le temps, autrefois, il n'y avait pas de nations mais que des villes et des villages avec leurs jeunes qui activaient cette confrontation. » Ces jeunes qui, selon Denis Lalanne, « étaient toujours prêts à se déclarer la guerre en temps de paix ».

Aujourd'hui encore, les belligérants d'autrefois se rappellent avec envie les joutes d'antan, qui ont enchanté leurs dimanches de cadets, juniors puis seniors quand ils défendaient un clocher. On m'a rapporté qu'en 2020, un match de Fédérale 1 entre Tyrosse et Dax, qui, dans le temps, aurait certainement attiré les journalistes de Paris compte tenu du nombre d'internationaux, a réuni au repas d'avant-match un bon paquet de vieilles gloires. Savez-vous ce qu'ils ont fait après le repas ? Ils ne sont même pas allés au stade. Ils sont restés avec un bon cigare autour du champagne et de la bouteille d'armagnac, à refaire le rugby de leur temps !

Dans ma jeunesse, mon père, excellent joueur de football, se prit d'affection puis de passion pour le rugby. Commerçant sur le bassin d'Arcachon, il était en rapport avec des grossistes de Bordeaux, dont les frères Moga, gros mandataires dans le fromage et la charcuterie, installés au marché des Capucins. Bambi, le charcutier, et André, le fromager, avaient longtemps formé la deuxième ligne de Bègles, avant de devenir les respectés dirigeants de l'équipe de la banlieue sud de Bordeaux.

Pensionnaire dès l'âge de 6 ans chez les curés à Bazas, les sorties du dimanche se limitaient pour moi au stade de Musard, le terrain de Bègles, et aux escapades sur les terrains du rugby à XIII du Lot-et-Garonne, à Tonneins, La Réole, Miramont, Lavardac. Pourquoi là ? Parce que Facture, où mon père tenait une épicerie, avait non seulement une équipe de football redoutée en Division Honneur où il s'était illustré, mais surtout une équipe de XIII redoutable, au sein de laquelle mon oncle Guy Turpin était un des brillants animateurs à l'arrière.

Et voilà comment naît une vocation, et un amour immodéré pour le rugby, qu'il soit à XV ou à XIII, alors qu'à l'époque il y avait une terrible rivalité entre les deux sports. Mais j'étais bien trop jeune alors pour comprendre cette haine, cette guerre entre les deux rugbys. Et lorsqu'à la fin des années cinquante je quittai Bazas pour Bordeaux afin de poursuivre mes études secondaires au collège de Tivoli, j'ajoutai les promenades au stade municipal – ce n'est que beaucoup plus tard qu'il prendra le nom de stade Chaban-Delmas – pour voir les matches des Girondins et du SBUC, l'autre club de rugby de Nationale, autrement dit la première division. Le rugby enchantait mes dimanches qui n'étaient pas toujours gais, les champions égayaient mon quotidien, me faisaient rêver. C'était décidé, je serai journaliste sportif. À *L'Équipe* si possible.

Collège, fac et Bègles

Le rugby devint ma préoccupation première, au point que je réussis avec quelques camarades à instituer le rugby au collège avec l'assentiment discret de nos pères jésuites, qui aimaient ce sport mais ne voulaient pas l'encourager officiellement dans l'établissement en raison des risques de blessures.

Et puis il y eut l'équipe de rugby de la faculté de droit de Paris à Assas. Et puis il y eut l'équipe de Bègles, où je réussis à me faire une toute petite place à l'aile de l'équipe première. Et puis il y eut la fin de carrière avec mes copains Bibes, Bordessoule, Dubarbier, Gourgues, Labarsouque, Martin, Salvané, Larroche, à Facture XV, où mon père avait réussi avec quelques amis à relancer le rugby à XV face au XIII.

Et puis, surtout, il y eut cette chance d'approcher Jacques Goddet dans le cadre de mes études et de rentrer à *L'Équipe* pour un long bail de quarante ans à la rubrique rugby, avec quelques passes croisées au football, à la boxe, à l'athlétisme, la natation, le tennis, le golf, avant que Charles Biétry ne me demande dès la première année de Canal+ de venir à son soutien pour y lancer le rugby.

Aujourd'hui, « je persiste et je signe », comme disait Jacques Brel, je préférais avant, je préférais mon époque. « C'était au temps où le rugby rugbyssait... » Nous, journalistes de l'époque, nous avons eu cette chance et ce privilège d'accompagner les champions sur les lieux de leurs exploits sur tous les continents, de partager leurs émotions, leurs souffrances, d'assister à leurs heures de gloire ou de déprime. Sans s'en rendre compte, on devenait leurs confidents, mais on ne trahissait pas leur confiance.

Certains diront qu'ils nous donnaient à manger en alimentant nos reportages d'histoires secrètes, uniques, mais on savait faire la part des choses. Et c'est pour cette raison qu'il y eut cette proximité, cette complicité, avec nos champions et leurs entraîneurs, qui a contribué à les installer sur un piédestal.

Chacun d'entre nous avait son pré carré, ses interlocuteurs préférés. Mon ami Jean Cormier du *Parisien* rentrait se coucher aux aurores et croisait son pote Jean-Claude Killy qui partait pour la première manche. Et c'est tout naturellement qu'il allait le voir l'après-midi dans sa piaule afin qu'il lui raconte sa course, qu'il n'avait pas vue bien entendue. Jean-Philippe Réthacker de *L'Équipe* était le copain d'Alfredo Di Stefano et du président Santiago Bernabeu au Real Madrid. Gérard Ernault de *L'Équipe* était un intime de Michel Platini. Pierre Chany de *L'Équipe* était le confident de Jacques Anquetil. Guy Lagorce, l'ayant côtoyé en équipe de France avant d'intégrer *L'Équipe,* était un interlocuteur privilégié de Michel Jazy. Denis Lalanne de *L'Équipe* était un proche de Lucien Mias, au point que celui-ci recommandait à tous les demandeurs d'interviews de lire le livre de Denis *Le Grand Combat du XV de France* pour connaître les dessous de la tournée historique en Afrique du Sud en 1958. Henri Garcia de *L'Équipe,* grand historien du sport et du rugby en particulier, fut très certainement le journaliste qui, dans les années cinquante et soixante, a tissé le plus de relations avec les grands champions étrangers. Il avait démarré sa carrière tout de suite après la guerre à *Combat*, dont le directeur Albert Camus lui avait demandé alors de suivre Marcel Cerdan à ses entraînements.

Et moi ? Eh ! bien moi, j'ai eu la chance d'arriver au bon moment, d'être pris sous l'aile de grands journalistes, pas avares de conseils et de bons tuyaux, surtout pas dopés à l'égoïsme. Et le monde du rugby m'a ouvert les bras. Rendez-vous compte, tout d'un coup j'allais sur tous les terrains de France et je rencontrais les idoles de ma jeunesse, que je n'osais pas approcher quelques mois plus tôt : Walter Spanghero, Benoît Dauga, Christian Carrère, André Herrero, Jean Gachassin, Jo Maso, André Boniface, Jean-Louis Bérot, Claude Dourthe, Jean-Pierre Lux, Pierre Villepreux et, bien entendu, Jean Trillo avec lequel j'avais eu l'honneur et le plaisir de jouer à Bègles. Et je faisais la connaissance des gloires passées telles que Lucien Mias, Michel Crauste, François Moncla, Pierre Albaladéjo, Christian Darrouy, ainsi que de ces dizaines et dizaines de sans-grade, qui constituaient l'ordinaire des clubs, contribuaient à l'embellie du rugby et faisaient le charme de ce sport. En attendant de passer la vitesse supérieure avec ma vocation internationale, qui m'emmena vers les pays anglo-saxons, où j'ai noué des amitiés avec Gareth Edwards, Barry John, Andy Ripley, Bill Beaumont, Andy Irvine, John Jeffrey, Noel Murphy, Fergus Slattery, Morné Du Plessis, Naas Botha, Hugo Porta, Simon Poidevin, Nick Farr-Jones, Mark Ella, Graham Mourie, David Kirk, Grant Fox, Sean Fitzpatrick, John Kirwan. Que des grands ! Que des champions et des hommes de qualité !

Pas le même jeu

Auraient-ils trouvé leur place dans le rugby professionnel d'aujourd'hui ? Pas de doute là-dessus. Je n'ose même pas imaginer ce que des géants tels que Michel Crauste, Benoit Dauga, Walter Spanghero ou André Boniface auraient donné dans le rugby professionnel. Et les professionnels d'aujourd'hui auraient-ils trouvé leur place dans le rugby d'avant ? Pour la plupart probablement, à condition de faire preuve d'une force mentale exceptionnelle. Car si le rugby d'aujourd'hui demande un engagement physique terrible et une forte préparation athlétique, il leur aurait fallu une force mentale exceptionnelle pour ferrailler dans les combats quelquefois douteux et violents à Dax, Brive, Lourdes, Perpignan, Narbonne, Béziers, Toulon. Et cela, ça ne se travaille pas à l'entraînement ou dans les salles de musculation. Il faut l'avoir en soi, dans les gênes. Mais on en restera au constat bien senti de Walter Spanghero qui réglera tous les litiges entre les uns et les autres : « Moi je ne dis plus rien, car je n'ai pas joué au même jeu qu'eux. »

Que de souvenirs en commun avec tous ces champions que nos copines de chez Madame Claude rêvaient de rencontrer, que d'aventures très personnelles, que d'histoires drôles, tragiques !

C'est vrai qu'à l'époque le métier de journaliste demandait d'aller au contact. Pas de conférence de presse, pas de communiqué, pas d'interview commandée, pas d'agent de communication. Les interviews après les matches de la première Coupe du monde en 1987 étaient réalisées avec des bouts de ficelle. Et après la première finale de la Coupe d'Europe, en 1996, entre Toulouse et Cardiff, à Cardiff, il n'y avait rien de prévu. Il a fallu que j'aille chercher dans les vestiaires de l'Arms Park, Émile Ntamack et Guy Novès pour répondre aux questions de nos confrères anglo-saxons. On téléphonait. On rencontrait le joueur à son boulot, parce qu'il travaillait en semaine, même si quelquefois il s'agissait d'un travail fictif. On allait à l'entraînement, on se voyait avant et après le match. En France, c'était assez simple. À l'étranger, ça dépendait. En Écosse, où l'amateurisme était de rigueur, il fallait l'aval du patron des sélectionneurs. Je dois dire que la présence de mon épouse, Laurette, qui prenait le thé avec les ladys des dirigeants, m'a souvent bien aidé. En Angleterre, surtout à Londres, c'était un jeu de pistes. Au pays de Galles et en Irlande, c'était fantaisiste, les rendez-vous ayant lieu au club ou au pub, toujours avec beaucoup d'amabilité. Même quand mon photographe demandait aux joueurs les poses les plus excentriques. Songez qu'au pays de Galles, le plus grand Gallois de tous les temps, Gareth Edwards, certainement un des géants de ce sport, qui avait reçu une offre de stagiaire à Manchester United, proposa de lui-même à Roger Krieger de *L'Équipe* de faire des photos de lui en train de pêcher à la mouche. Edwards, qui découvrit à la mort de sa maman une lettre d'engagement du club professionnel de football de Swansea qu'elle lui avait cachée afin qu'il reste au rugby. À quoi tient un destin de roi !

En Afrique du Sud, Argentine, Australie et en Nouvelle-Zélande, rien de plus simple à partir du moment où on avait localisé les gars. Quelle classe ! Ian Hurst, ancien centre des années soixante-dix, m'avait donné rendez-vous chez lui, en pleine campagne :

– Tu m'attends à la maison ? Mais c'est où ?

– Tu ne peux pas te tromper, c'est la maison au fond du deuxième chemin à droite sur la route d'Oamaru [où naîtra plus tard le grand Richie McCaw]. Tu rentres et tu nous attends.

– Mais je rentre comment ?

– Ici, on ne ferme jamais la maison à clé !

À Sydney, j'étais en pension chez Simon Poidevin, tellement fier de ses origines françaises, qui m'emmenait aux entraînements des Waratahs et aux débriefs de Rod Macqueen. Installé face à la plage de Coogee, j'étais le voisin de Bob Dwyer, l'entraîneur de l'Australie championne du monde en 1991. Une équipe née en Europe en 1984, emmenée alors par le merveilleux aborigène Mark Ella, le premier ouvreur qui osait jouer dans les défenses. Une grande nouveauté.

À Dubbo, dans le bush australien, à l'ouest de Sydney, des joueurs de rugby locaux m'avaient embringué sur des buggys avec des fusils à pompe à la chasse au renard. Un vrai western avec ces bushmen et leurs cache-poussière.

La plupart des reportages étaient des rencontres, des aventures. On en oubliait que l'on faisait un métier. Un peu comme Tintin. Bien loin du « engagez-vous, rengagez-vous, vous verrez du pays ». Et ce qui est merveilleux dans toutes ces histoires, autour de tous ces matches et toutes ces tournées, c'est que les joueurs eux-mêmes ont conservé les souvenirs de ces rencontres très inhabituelles dans un sport qui mobilisait très peu de journalistes à plein temps. Et une bonne partie d'entre eux nous demandait même pourquoi on s'intéressait à eux et à leur vie quotidienne.

Dans l'intimité des Blacks et d'Edwards

Trois jours avant la demi-finale de la première Coupe du monde entre la Nouvelle-Zélande et le pays de Galles, en 1987, à Brisbane, j'ai passé tout mon jeudi dans l'hôtel des All Blacks. J'allais de la salle de restaurant au bar, en passant par les chambres, pour engranger les interviews. C'est là que j'ai vu le film *Top Gun* dans la piaule de Grant Fox. La veille de la finale contre la France, nous étions reçus avec Henri Garcia à l'hôtel des All Blacks par le coach Brian Lochore, discutant et plaisantant avec les joueurs pour leur faire signer à tous un ballon, déjà dédicacé par l'équipe de France. Une relique.

À la fin d'un match entre Britanniques, à l'Arms Park de Cardiff, j'ai fendu la foule avec Gareth Edwards jusqu'à l'*Angel Hotel*. Il m'a présenté sa femme, Maureen. Et celle-ci m'a raconté, alors qu'ils avaient 18 ans et qu'ils assistaient à un match dans les tribunes populaires du stade, que Gareth lui avait promis qu'il marquerait un jour dans ce coin de l'en-but. Ce qu'il fit contre l'Écosse, en 1972, en plantant un essai de 80 mètres dans la boue de l'Arms Park. Un essai grandiose. Ah ! les Gallois des années soixante-dix ! une merveille de rugby jamais égalée en Europe.

Au pays de Galles, Roger Blyth nous donna rendez-vous dans l'entreprise de son père, à Swansea, à 9 heures du matin. En guise de petit déjeuner, on passa très vite au whisky sur les injonctions du papa. Heureusement, il y avait du répondant.

À Dublin, je rejoignais Willie Duggan et Fergus Slattery au pub à côté de Trinity College, où l'Irlande s'entraînait le dimanche précédant le match contre la France. Il fallait être vaillant pour tenir jusqu'au soir. Mais les histoires tenaient éveillé.

Une année, j'avais pris mon camp de base dans le Munster. Mike Gibson, le grand numéro huit, m'avait envoyé à Fermoy, à quarante kilomètres au nord de Cork, chez sa sœur mariée à un talonneur du Munster

Sean Lynch. J'étais comme un coq en pâte, entre mes interviews, mes articles et la chasse. Seule contrainte, je devais faire le « baby sitter » de la petite fille de Mary, âgée à peine de six mois, quand elle s'absentait une petite heure pour aller chez le coiffeur ou chez une amie.

À Édimbourg, les interviews étaient arrangées par Andy Irvine ou Gavin Hastings, à l'hôtel ou chez eux. Dans le Sud, à Kelso, j'allais chez John Jeffrey, chez lequel je restais un jour ou deux pour chasser.

Tony Neary, le capitaine de l'Angleterre, m'offrait le gîte et le couvert chez lui, du côté de Manchester. Ainsi j'allais à l'entraînement de l'Angleterre, le lundi soir, à Stourbridge, où se rassemblaient les Anglais. On faisait cinq cents kilomètres aller-retour en fin d'après-midi en voiture, avec Fran Cotton et Bill Beaumont devant, et moi derrière entre Tony Neary et Steve Smith. J'en profitais pour compléter quelques interviews avec les nouveaux. Et le vendredi du match, j'étais invité à prendre le thé avec l'équipe au *Petersham Hotel* à Richmond.

Mais le pompon, ce fut au Brésil. Avec l'ami Cormier, nous étions sur la route de l'Argentine pour la tournée de l'équipe de France. Un petit stop au Brésil s'imposait pour voir Brésil-Angleterre. Nous voilà partis au camp de base des Brésiliens sur les contreforts du Corcovado. L'hôtel ressemblait à un camp retranché pris au piège par une armée de journalistes. Cormier appelle un militaire, lui raconte que nous venons de France et que Rivelino nous attend. Dix minutes plus tard, Rivelino déboule et nous fait rentrer. On a passé là une petite demi-heure. Il nous a présentés à quelques joueurs, dont le gardien Leao, l'ancien marseillais Paulo César et l'entraîneur Claudio Coutinho. À la sortie de l'hôtel, la meute des journalistes nous a entourés pour nous interviewer. Nous étions les hommes qui avaient vu l'homme qui avait vu l'ours. Hilarant !

Plus personnellement, je fus aussi amené à donner de ma personne. Faire opposition contre l'équipe de France dans sa retraite de Rueil pour faire échec au jeu au pied de Romeu, et contrarier les trois-contre-deux ou deux-contre-un des Bertranne, Sangalli, Gourdon. Chargé de couvrir le deuxième tournoi de rugby à 7 de Paris pour *L'Équipe*, je fus invité à délaisser la tribune de presse et à rejoindre l'équipe Guy Stener à la suite du forfait d'un ailier néo-zélandais. Et j'ai gagné aux côtés de Morné Du Plessis, Ken Kennedy, Chris Ralston, Bob Burgess, Dominique Harize et Victor Boffelli.

Oui, c'était chouette avant. C'était au temps où le rugby ne se prenait pas au sérieux, riait, souffrait, mais prenait le temps de vivre. C'était au temps où l'arrière irlandais Hugo McNeill écoutait Jesse Norman chanter *La Marseillaise* pour le bicentenaire de la Révolution, place de la Concorde, et pensait : « C'est la première fois que je peux écouter *La Marseillaise* en me disant que je ne vais pas prendre Palmié et Imbernon sur la gueule tout de suite après. » C'était au temps où l'arbitre gallois Clive Norling accordait aux Roumains un essai inventé et avant que Serge Blanco ne lui adresse la parole, lui disant : « C'est le cadeau du Père Noël. » On était au mois de juin ! C'était au temps où je pouvais mettre entre parenthèses mon métier de journaliste à *L'Équipe*, afin de disputer quelques matches avec Bègles contre Béziers, Agen, Bagnères, à Brive, à Toulon, jouer contre André Boniface ou Jean Gachassin. Nous n'étions pas addicts mais en manque d'esprit de corps quelquefois, nous ne parlions pas de « jeu de transition » mais de « contre-attaque », nous ne « performions » pas mais nous étions performants – enfin nous essayions –, nous ne faisions pas de *skills*, mais les exercices de technique individuelle étaient pointus. Gare à celui qui se manquait dans le jeu de passe ! On se faisait engueuler et on pouvait perdre sa place pour une passe mal ajustée ou un deux-contre-un oublié. La technique, on peut l'oublier, mais on ne peut pas l'ignorer.

Ce n'était plus le temps du cinéma muet, et ce n'était pas encore le temps d'Internet. C'était le temps des Trente Glorieuses. Nos aînés sortaient de la guerre. Les jeunes croquaient dans la vie et dans le sport. Nous, les enfants du baby-boom, nous regardions tout ça avec délectation, avec envie. Allez, venez visiter avec nous ce musée d'antiques, et pensez très fort à tous ces joueurs qu'Antoine Blondin sublimait par les mots suivants dans une de ses chroniques :

> « L'initiative du plus fragile peut abolir un labeur de bâtisseurs de cathédrales. Car il n'existe pas de joueurs de rugby, il n'y a que des équipes. Les grands sautent, les petits s'infiltrent, les lourds enfoncent, les légers s'évadent. Et s'il faut de tout pour faire un monde, sur le pré, il faut du monde pour faire un tout. »

C'était un autre temps. Mais c'était sacrément bien.

PARTIE 1

TERRAINS

1

BÉZIERS À 100 À L'HEURE

Dans les années soixante-dix, Béziers avait mis une main de fer sur le championnat de France. Le rugby français avait connu la suprématie du Stade Toulousain dans les années vingt, cinq fois champion de France pour six finales, puis la domination de Lourdes de 1945 à 1960 avec, à son tableau de chasse, sept titres de champion de France pour dix finales.

Battu pour la première fois en finale par Lourdes, en 1960, Béziers connut la gloire l'année suivante en s'imposant en finale contre Dax (6-3). Il y eut ensuite deux finales perdues contre Agen et Pau, puis les Biterrois rentrèrent dans le rang. Pour mieux rebondir quelques années plus tard avec comme entraîneur Raoul Barrière, un de ses enfants, champion en 1961. Pilier de métier et grand penseur du rugby nourri aux principes de jeu de son capitaine en tournée en Afrique du Sud Lucien Mias, il jeta les bases d'un redoutable rugby avec une bande de juniors, championne de France en 1968. Trois ans plus tard, lors d'une finale endiablée et gagnée face à Toulon (15-9, après prolongation), on allait faire connaissance avec les noms de Martin, Vaquerin, Estève, Saïsset, Pesteil, Astre, Cabrol, Cantoni.

De 1971 à 1984, Béziers a écrasé le rugby français de toutes ses forces, de toute sa science du jeu imprimée par Raoul Barrière, relayée sur le terrain par Olivier Saïsset, Richard Astre et Jack Cantoni.

Dix titres et une finale perdue. Une invincibilité à domicile exceptionnelle, qui ne sera probablement jamais égalée. Si Lourdes peut se targuer d'avoir aligné à son époque 41 victoires successives (à domicile et à l'extérieur), Béziers, lui, est resté invaincu à domicile, dans son vieux stade de Sauclières, onze ans et neuf mois. Soit entre le 5 janvier 1969, et sa défaite contre Brive (0-6), et le 11 octobre 1981, et sa défaite contre La Voulte (10-19) !

Vous l'aurez compris, Béziers était une citadelle imprenable. Ou plus exactement « mal attaquée », comme le disait avec humour Jacques Fouroux : Il est vrai que beaucoup d'équipes n'avaient pas le plus souvent les soldats pour monter au créneau, ou plutôt l'envie de "repartir au tango", comme disaient les Poilus de 14-18.

Alors quand une équipe, chez elle, réalisait l'exploit de faire chuter Béziers, il fallait qu'elle s'attende à une forte réaction, pour ne pas dire à une punition, au match retour. Lors de la saison 1975-1976, Béziers avait battu très facilement, à la maison, Montchanin (59-3). Au match retour, le club de la petite ville de Saône-et-Loire avait fait tomber le grand Béziers (16-12). Mais disons que le match, s'il avait été viril, n'avait pas été très correct. Les Biterrois avaient mis ça derrière l'oreille, en attendant un match retour à Sauclières. Pour cela ils durent patienter jusqu'au mois d'octobre 1979. Tout était en place pour une réception de gala. Les Montchaninois étaient attendus avec les honneurs dus à leur rang. Il risquait d'y avoir du sang dans la prairie, comme l'on disait dans les films de cow-boys.

Sauf que, en trois ans, l'équipe de Montchanin n'était plus la même, et certains joueurs, qui avaient animé la réception trois ans auparavant, n'avaient pas fait le déplacement, pour des raisons que chacun évaluera. En tout cas, les Biterrois avaient décidé de ne pas châtier les joueurs montchaninois, dont certains avaient été envoyés là en pâture. Le mot d'ordre, même s'il n'avait pas été déclaré publiquement, était le suivant : « On va les punir au rugby. »

Dès le coup d'envoi, le rouleau compresseur se mit en route. Terrible, inexorable, un concasseur musculaire. Pas de place pour les fainéants mous des bras. Les Bourguignons ne touchent pas un ballon. C'est la maison gruyère en défense. Ils résistent comme ils peuvent. C'est-à-dire qu'ils ne peuvent pas s'opposer à cette équipe de Béziers, à l'époque probablement au sommet de son art, même si Raoul Barrière n'est plus l'entraîneur.

C'est Olivier Saïsset, ancien troisième-ligne, qui a pris une retraite anticipée à cause d'une sérieuse blessure à un œil, qui entraîne. Et qui insiste : « Il n'y avait pas d'animosité, aucun esprit de revanche, ni de contentieux. Même s'il y avait quelques séquelles chez certains qui n'avaient pas goûté la réception plus que virile à Montchanin. Il n'est pas impossible que sur le terrain certains joueurs aient voulu mettre les points sur les *i.* » On pencherait volontiers pour la dernière explication.

L'arbitre M. Roule suivait tout ça d'un air bonhomme et se prêtait même au jeu.

« À un quart d'heure de la fin on menait de 80-0, dit Olivier Saïsset. On a réalisé alors qu'on pouvait leur mettre 100 points. 100 c'était mieux que

104 ou 105. À partir de là, on a tout calculé pour faire le bon compte et ne pas prendre de points. »

Les Biterrois s'appliquent. À deux ou trois minutes de la fin, Béziers mène 96-0. L'ailier Michel Fabre inscrit son onzième essai au milieu des poteaux (44 points, car essai à 4 points, record absolu pour un match) : 100-0. Humiliation suprême pour l'adversaire, « Papy » Fort, buteur émérite, manque la transformation. Ce furent ensuite les deux minutes les plus longues avec les arrêts de jeu pour les Biterrois. « Il fallait empêcher Montchanin de marquer le moindre but ou drop, et nous, on devait faire tomber le ballon si on était en position de marquer », conclut Saïsset.

Finalement tout se passa bien. Sauf pour le préposé au tableau d'affichage qui ne put jamais inscrire 100-0 puisqu'il n'y avait que deux clous pour accrocher les numéros de 0 à 9. Aucune photo n'existe donc de ce score historique. Sachez pour la petite histoire, qu'au match retour, à Montchanin, Béziers l'emporta 16-11. Sans aucune fantaisie cette fois. Ce n'était pas dans les habitudes de la maison.

2

ORAGE À COLORADO SPRINGS

Finaliste de la première Coupe du monde en 1987 en Nouvelle-Zélande face aux All Blacks, la France se prépare à accueillir, en 1991, la deuxième édition avec l'Angleterre, l'Écosse, l'Irlande et le pays de Galles. Elle termine deuxième du Tournoi et aurait même pu remporter le Grand Chelem. En guise de préparation, elle part disputer quatre matches dont deux tests aux États-Unis au mois de juillet. Mais le climat dans le rugby français est plutôt malsain au niveau des instances dirigeantes. Il y a eu tout d'abord la tentative de coup d'état de Jacques Fouroux pour prendre en force la présidence de la Fédération française de rugby. Coup d'état avorté. Au mois d'avril, des élections ont accordé un septième mandat à Albert

Ferrasse qui s'engage à passer la main, après la Coupe du monde, à son vice-président Jean Fabre, ancien capitaine de l'équipe de France. Ce qui ne se fera pas, une embrouille plaçant à la présidence Bernard Lapasset, le protégé d'Albert Ferrasse.

Au milieu de cette ambiance pourrie, l'équipe de France part en tournée. Au sein de cette équipe, la pourriture, également, a gagné. Les deux entraîneurs Daniel Dubroca et Jean Trillo ne sont pas sur la même longueur d'ondes. Et, surtout, il y a une cassure entre une partie des avants et la bande des « Rapetous » de Bègles, fraîchement champions de France avec Bègles, à savoir la première ligne Philippe Gimbert, Vincent Moscato et Serge Simon.

« On aurait mieux fait d'aller aux fêtes de Pampelune, avoue Pascal Ondarts, qui était dans l'opposition avec l'autre pilier basque Grégoire Lascubé et le talonneur Philippe Marocco. La plus grosse connerie, c'est d'avoir pris trop de Béglais. Ils ont formé un clan. Ils ne disaient bonjour à personne. J'ai dit à Dubroca : "Il n'y a pas d'équipe, on ne peut rien faire, ils ont pris le pouvoir." Jouer dans ces conditions, c'était une corvée. C'était lamentable sur le terrain. C'était le bordel. »

À l'entraînement, ce n'était vraiment pas une maison où on faisait des passes. Les mêlées entre les deux premières lignes étaient explosives. « C'était plus chaud qu'en match, se rappelle Franck Mesnel. Pour le reste, ça ressemblait à une tournée Pink Floyd. » Le staff, autour de Jean Fabre et Michel Crauste, ne contrôlait rien du tout.

Bref, l'équipe de France, avec la première ligne béglaise, remporta le premier test à Denver (41-9). Et pour le deuxième, à Colorado Springs, où Jeannie Longo avait été championne du monde cinq ans plus tôt, on changea de première ligne, en alignant Ondarts, Marocco et Lascubé. À la mi-temps, les Français menaient gentiment 10-3, les Américains ne représentant pas une réelle menace. Mais s'ils étaient inquiets pour la suite, c'était à cause du temps. Car à 1 839 mètres sur le versant oriental des Rocheuses, où eut lieu la ruée vers l'or au siècle précédent, l'orage grondait. « Le vent s'est levé, raconte Patrice Lagisquet. Le ciel est devenu tout noir. Je n'en menais pas large. »

Les autres non plus du reste. « C'est comme si nous avions le feu sur la tête », dit Pascal Ondarts. Car il faut bien s'imaginer que l'on n'était pas dans une grande enceinte américaine de béton, mais dans un tout petit stade de campagne niché dans une cuvette au milieu des montagnes, devant un petit millier de spectateurs.

« L'orage a commencé à gronder, de plus en plus fort, et se rapprochait, raconte Jean Crépin, envoyé spécial de *L'Équipe*. Vers la fin de la première période, le vent a soufflé de plus en plus fort, les éclairs étaient impressionnants, ça tapait dur dans le ciel. Le médecin de l'équipe de France, Jean Pène, a averti l'arbitre argentin qu'il faudrait arrêter le match. Mais Serge Blanco, en capitaine éclairé, connaissait le règlement. Et il savait que si l'on reprenait le match en deuxième période et qu'il était arrêté quelques minutes après, le score était acquis. De retour sur le terrain, pour la deuxième période, le Dr Pène s'est précipité vers l'arbitre au bout de deux minutes en lui donnant l'ordre de mettre tout le monde à l'abri et d'arrêter le match. À peine étions-nous à l'abri qu'un énorme éclair a illuminé le ciel noir et la foudre est tombée sur un gigantesque séquoia. Nous étions pétrifiés. À quelques minutes près, la foudre aurait pu tomber sur nous. »

C'est ainsi que la France l'emporta 10-3. Et que ce match restera l'unique test de l'histoire à avoir été arrêté avant la fin.

Mais pour cette équipe, ce n'était pas la fin de l'aventure. Plus exactement de la mésaventure. Car la Coupe du monde fut catastrophique à tous égards et humiliante pour certains joueurs. Eh ! oui, commençait à flotter l'odeur de l'argent. Au château Ricard, à Clairefontaine, ça grenouillait. On parlait gros sous.

« Certains voulaient savoir combien nous toucherions pour notre participation à la Coupe du monde, raconte Pascal Ondarts. Enfin quand on représente l'équipe de France... Pour la première Coupe du monde, j'avais pris un mois et demi de congé sans solde. Idem pour celle-là. Avant le quart de finale contre l'Angleterre, un groupe a demandé à Dubroca quel serait le montant de la prime. » Importuné pendant sa partie de cartes, Albert Ferrasse, le président de la Fédération, s'emporta auprès de Dubroca : « Amène-moi vingt-cinq autres joueurs et tu me renvoies tous les autres. »

Le ressort était cassé. Tout le monde s'écrasa. Généreux comme d'habitude, Serge Kampf, le grand patron de Cap Gemini, fut royal pour la prime. La France perdit sans gloire face à l'Angleterre en quart (19-10). Et dans le couloir des vestiaires du Parc des Princes, Daniel Dubroca prit au colbac l'arbitre David Bishop. Albert Ferrasse laissa la présidence, comme ce n'était pas prévu, à Bernard Lapasset plutôt qu'à Jean Fabre. Épilogue de cette tournée, quelques mois plus tard, un joueur américain accompagné d'un avocat se présenta au siège de la Fédération française de rugby. Il menaça d'un procès, arguant qu'il avait été agressé et blessé par un joueur français au cours d'un match de la tournée. On transigea à l'amiable pour éviter le procès et la Fédération fit un chèque d'environ 300 000 francs, soit autour de 45 000 euros aujourd'hui. Pas glorieux tout ça !

3

LE BRAS D'HONNEUR DE FOUROUX

La carrière de Jacques Fouroux fut un gymkhana continuel entre le zig et le zag. Difficile de le saisir, tellement il était imprévisible. Et toujours décidé à ferrailler sur et en dehors du terrain, surtout lorsqu'il s'estimait victime d'une injustice.

Sa carrière, justement, commença par une profonde injustice. En 1968. Il avait tout juste 20 ans. L'année précédente, il s'était révélé lors d'un match à Bayonne, avec la sélection du Sud-Ouest contre les All Blacks (14-18) face à Chris Laidlaw. Derrière, il est remplaçant contre la Roumanie, puis contre l'Écosse. À cette époque, les remplacements n'existent pas en cours de match. Mais les Camberabero n'ayant pas convaincu malgré la victoire à Murrayfield (8-6, première manche du premier Grand Chelem de l'équipe de France), il est sélectionné à la mêlée, avec Jo Maso à l'ouverture pour le deuxième match contre l'Irlande. Dans son bonheur il se précipite chez un tailleur pour commander un smoking, tenue obligatoire pour le banquet d'après-match.

Patatras, le dimanche précédent France-Irlande, Jo Maso se blesse. Les sélectionneurs chamboulent tout et préfèrent aligner la paire de demis de Lourdes, Jean-Henri Mir et Jean Gachassin. Profondément injuste ! Il devra attendre plus de quatre ans pour être appelé enfin en équipe de France contre l'Irlande et faire la tournée en Australie dans l'ombre de Max Barrau, le dépositaire du poste. Et encore quelques mois pour faire la paire avec celui qui allait devenir son ami, Jean-Pierre Romeu, lors d'un match d'anthologie et d'une victoire contre la Roumanie (15-6), à Constantza, où Victor Boffelli sauva la vie à Roger Couderc qui faillit passer sous les roues d'un train.

Jacques Fouroux n'avait pas déçu, et avait même été convaincant. Mais il y avait une sévère concurrence au poste de demi de mêlée avec Max Barrau, que le club d'Agen d'Albert Ferrasse et Guy Basquet convoitait, et Richard Astre, le maître à jouer de Béziers. Après un an passé à Agen, Max Barrau, qui venait du Stade Toulousain, regagna son club de Beaumont et perdit tout crédit auprès des dirigeants agenais. Quant à Richard Astre, il ne leur plaisait pas vraiment Fouroux avait une âme de chef. Son caractère de lutteur, ses qualités de meneur d'hommes convenaient davantage en haut lieu. Finalement c'est son culot et sa franchise qui firent pencher la balance en sa faveur à la suite de la tournée en Afrique du Sud en 1975, au cours de laquelle les dirigeants ne jouèrent pas franchement le jeu avec lui et lui préférèrent Astre. Pas dégonflé, il demanda une explication au directeur de la tournée, Marcel Batigne, et aux deux entraîneurs, Fernand Cazenave et Michel Celaya : « Nous étions deux capitaines, avec Astre, leur dit-il. Il était convenu que nous devions jouer chacun un test. Astre a joué les deux. Vous n'avez pas été loyaux avec moi. »

De retour en France, Fouroux s'était fait à l'idée que sa carrière internationale était finie. Eh bien, non ! il faut croire que le garçon avait de la moelle et qu'il plaisait aux sélectionneurs. Il est rappelé, avec le capitanat en prime. Puis destitué, puis revient. Et c'est là qu'il va commencer à ferrailler avec la presse et entamer une idylle avec Jean Desclaux et une bande de joueurs avec lesquels il va remporter le Grand Chelem en 1977. Grand Chelem gagné avec les quinze mêmes joueurs pour les quatre matches, ce qui était et restera pour toujours un exploit unique.

Au point que ses joueurs l'imploreront de ne surtout pas déclarer forfait pour le dernier match en Irlande à cause du nez éclaté et cassé contre l'Écosse. « Tu ferais trop plaisir à tes détracteurs et au patron de la commission de sélection Élie Pebeyre », lui disent-ils.

Mais Fouroux en a marre de toujours se justifier, de se battre avec les journalistes, de se faire insulter sur les terrains du championnat de France. Il accuse le coup lorsqu'il est copieusement sifflé à une réunion de champions en compagnie de Guy Drut et de Jean-Claude Bouttier. Il est à bout. Son épouse lui a dit un jour : « Jacques, tu ne m'amuses plus. Quand tu pars jouer avec l'équipe de France, tu es heureux. Quand tu reviens à la maison, tu sembles soulagé, comme si tu n'avais plus envie de jouer. »

Avant de se rendre à Clermont-Ferrand pour le match contre la Roumanie, il a pris sa décision. Là-bas, ce 10 décembre 1977, après une victoire et une défaite contre les All Blacks, il se confie à son frère d'armes, Jean-Pierre Romeu : « Je ne supporte plus les cabales, les critiques, les sifflets. Toujours me justifier, ça m'épuise. Je ne m'amuse plus. Or c'est un jeu. C'est mon dernier match avec l'équipe de France. »

Lors de la traditionnelle causerie d'avant-match, il demande à Élie Pebeyre de venir. Celui-ci ne se doute de rien. Selon les propres termes de Jean-Pierre Romeu, il lui passe une terrible avoinée : « Vous n'avez jamais pu me sentir. Vous avez essayé de détruire tout ce que nous avons construit avec cette équipe. Vous êtes un fossoyeur du rugby. Je ne vous donnerai pas le plaisir de me virer. Je vais disputer aujourd'hui mon dernier match avec l'équipe de France. Et je m'en irai. » « Deux, trois minutes, quand tu engueules un gars, c'est très long », souligne Romeu.

Pebeyre se retire sans un mot. Plusieurs joueurs sont émus aux larmes. Au moment de rentrer sur le terrain, Romeu s'approche de Fouroux et lui glisse à l'oreille : « J'aimerais que mes deux fils soient comme toi. »

Ce que ne sait pas alors Jean-Pierre Romeu, c'est que ce sera aussi son dernier match en équipe de France. Mais lui n'aura pas choisi sa sortie.

4

BEATLES ET BESTIAUX

Les tournées en Australie ne furent jamais des parties de plaisir. Les équipes de France de rugby à XIII peuvent en témoigner, qui allèrent les premières, telles des pionnières, se frotter aux rudes « australopithèques », comme on les appelait – à tort, puisque ceux-ci ont vécu en Afrique. Les équipes de rugby à XV suivirent et purent vérifier sur le pré la virilité et la puissance de feu de ces descendants des convicts anglais. Justement, peut-être faut-il voir dans l'histoire de ces convicts l'origine du caractère bien trempé, quelquefois violent, des joueurs de rugby australiens. Condamnés pour des délits mineurs, pour crimes ou pour des raisons politiques, près de deux cent mille prisonniers furent déportés en Australie entre 1788 et 1868. Ils colonisèrent cette île du bout du monde, grande comme l'Europe, et firent souche. D'autres colons vinrent plus tard, ceux-là de leur propre initiative, et ils apportèrent dans leurs bagages les sports pratiqués au Royaume-Uni, dont le rugby.

L'équipe de France de rugby à XIII y vint pour la première fois en 1951 et se couvrit de gloire, raison pour laquelle le rugby français fut toujours accueilli en Australie avec déférence et admiration. Et il y vécut des aventures toujours amusantes.

Ainsi, en 1964, l'équipe de France de rugby à XIII est en tournée là-bas. Moins glorieuse que ses prédécesseurs, puisque ponctuée de trois défaites en trois tests. C'est pourquoi la veille du test à Brisbane, Henri Garcia, envoyé spécial de *L'Équipe*, est très dubitatif lorsque deux joueurs viennent frapper à la porte de sa chambre. « Henri, viens, il y a une foule énorme sur la place qui nous acclame et nous applaudit à chaque fois que l'on sort sur le balcon. » Garcia les suit dans leur chambre et va sur le balcon. Effectivement il y a une foule massée en bas, avec des filles hystériques. Il ne veut pas y croire. Et tout d'un coup, sur sa gauche, qu'est-ce qu'il aperçoit ? « Mais ce sont les Beatles ! leur dit Garcia. Ce n'est pas pour vous, ces fans. » Les Beatles, mondialement adulés, sont des inconnus pour les deux joueurs, qui ne sont jamais sortis de leur Sud-Ouest.

Brisbane, c'est là qu'Henri Garcia va se retrouver en 1972 avec l'équipe de France de rugby à XV commandée par Walter Spanghero. Les Beatles, eux, se sont séparés depuis deux ans déjà. Et ce deuxième test, venant après le match nul du premier à Sydney (14-14) dont le mérite revint plus à l'arbitrage partial d'un Australien qu'à la supériorité de l'équipe d'Australie, va être épique en matière de brutalité. Il faut savoir qu'un an auparavant, en France, à Toulouse, le premier test-match remporté par les Australiens (13-11) avait été d'une violence inouïe.

C'est à Brisbane que Walter Spanghero a composé le pack en compagnie de notre ami journaliste de *L'Équipe* Jean-Jacques Simmler. « On n'arrêtait pas de charger [comprenez : on en prend plein la gueule] depuis le début de la tournée et on ne pouvait pas répondre, explique Walter. Cela ne pouvait pas durer aussi longtemps que les impôts. J'ai chopé dans ma piaule Rossignol [pilier de Brive] et Lubrano [talonneur de Béziers] et je leur ai dit : "Vous n'avez encore jamais disputé un match international. C'est la première et peut-être la dernière fois que vous allez jouer avec l'équipe de France. Depuis le début de la tournée, on charge à tous les matches. Mercredi contre le Queensland (victoire de la France, 37-3), ils m'ont explosé le nez. Vous allez me montrer que je n'ai pas tort de vous prendre." Sourire en coin des deux et remarque de Rossignol : "Tu peux nous faire confiance, Walter. Le premier qui bouge en face est mort." »

Au bout d'un quart d'heure, les rangs australiens ont commencé à être décimés. « Sur le terrain, il tombait du feu », résume Walter. Le pilier Dunworth, qui jusque-là avait fait le barbiquet et distribué joyeusement, a reçu la note avec les intérêts. Mais pour l'emporter (16-15), il fallut que cette équipe de France marque trois essais contre cinq buts et soit plus forte que l'arbitre, d'une malhonnêteté morbide.

« Au coup de sifflet, je pistais. J'ai vu Lubrano se diriger vers l'arbitre pour l'aligner, se souvient Walter. Si je n'arrive pas à temps, il lui décroche la tête. »

Les Australiens ne se plaignirent même pas. Ils acceptèrent la sanction. Mais à la réception d'après-match, il y avait comme une gêne. Pour parodier une formule de Marcel Proust, complètement ignorant du rugby, à l'élan furieux de la guerre avaient succédé les arts riants de la paix. Du côté australien, on comptait les blessés, les bosses, les points de suture, les bandages. Cela ressemblait aux peintures des soldats de la Grande Armée lors de la retraite de Russie.

Le comble, c'est que les seuls reproches vinrent du camp français. Enfin, pas de l'équipe mais de l'ambassadeur, offusqué par une telle brutalité et surtout par le manque de fair-play des joueurs de l'équipe de France :

– Dites-moi, Monsieur Spanghero, vous avez été virils !

Stupeur et colère du capitaine de l'équipe de France, qui attendait plutôt des compliments :

– Comment, monsieur l'ambassadeur ? Écoutez, depuis que nous sommes arrivés en Australie, nous en avons pris plein la gueule à tous les matches et nous n'avons pas répondu. Nous avons été entubés par tous les arbitres et nous ne nous sommes pas plaints. Alors, oui, monsieur l'ambassadeur, nous avons joué viril mais correct.

Ce fut la première et dernière fois qu'une équipe de France a remporté une série de tests en Australie.

5

RIFIFI À LAVELANET

Dans l'histoire du rugby français, il y a eu beaucoup de matches violents, émaillés de bagarres, avec des blessés, des expulsions et même des arrêts par l'arbitre avant la fin. Aller jouer à l'extérieur, c'était chaud. L'équipe qui recevait se devait de gagner devant son public. Peu importaient les moyens. Bien entendu, les visiteurs ne se dégonflaient pas, avant que les locaux finissent par l'emporter parce que les visiteurs rendaient l'âme ou que l'arbitre leur accordait généreusement la pénalité de la gagne.

Au hit-parade des matches de folie, il semble que le Lavelanet-Nice du 1er octobre 1972 a atteint des sommets dans la connerie et la violence. Même si, au sortir de la rencontre, il n'y eut pas de blessés sérieux, grâce à Dieu. Ce jour-là on a assisté au french cancan de la godasse. À Lavelanet, petite ville de l'Ariège, fière d'avoir résisté en son temps lors de la croisade contre les cathares, on n'a pas peur des gros en rugby. Et pour tout dire, les gros clubs ne viennent pas jouer à Lavelanet en toute sérénité. Ce jour-là, le club du président Michel Thierry, qui possède une florissante entreprise textile, attend Nice de pied ferme.

Une quinzaine de jours plus tôt, Lavelanet a été battu à Nice en challenge de l'Espérance. Malgré une mêlée houleuse au cours de laquelle le deuxième-ligne André Lannes avait été visé, le match ne s'était pas trop mal passé. Enfin, aux yeux des Niçois. Car les Lavelanétiens ne pensaient pas pareil et leur avaient donné rendez-vous chez eux dans quinze jours, en championnat cette fois.

Vous pensez bien que la bande d'André Herrero, qui avait quitté un an plus tôt Toulon pour relancer le rugby à Nice, en avait vu d'autres. Pas évident d'impressionner les Hache, Sappa, Ballatore, Vadella et compagnie. Comme disait Louis-Ferdinand Céline, « une armée qui fuit, c'est pas convenable ». Vous pensez bien que la division niçoise n'avait pas l'intention de reculer ni de se rendre.

« J'avais préparé le match pour ne pas subir », explique André Herrero. Façon déguisée de dire qu'ils étaient prêts à faire front. « J'avais des gars en qui j'avais confiance. Il n'était pas question que l'on parte en courant. On ne reculera pas. Je reconnais que nous n'avons jamais été bons perdants. S'ils mettent une chandelle, on en remet une autre. Tant qu'ils en veulent. »

Déjà au moment où l'arbitre, M. Conte, a réuni les deux capitaines, les regards jetaient de l'agressivité. Ils refusèrent de se serrer la main. Et quand les Niçois sont sortis pour s'échauffer, les sifflets, les insultes, les crachats les invitèrent à regagner aussitôt le vestiaire. À vrai dire personne n'avait besoin de s'échauffer, tellement les trente belligérants – à ce stade on ne va pas parler de joueurs – étaient chauds comme la braise.

Le début du match fut conforme aux prévisions. Mêlée relevée. Classique, pénalité contre l'équipe visiteuse. Chandelle et french cancan. Pénalité pour Nice, chandelle, de nouveau ballet de crampons. Michel Sappa, qui vient de chausser le troisième-ligne Roland Bacca, professeur de mathématiques dans le civil, est prié de sortir et va s'asseoir dans les tribunes où les quolibets et les insultes fusent, les aboyeurs prenant soin de ne pas trop s'approcher du deuxième-ligne niçois au cas où… Au bout d'un quart d'heure, après quelques réprimandes de l'arbitre et de belles paroles des capitaines, l'élan furieux de la bagarre reprend le dessus, les coups appelant les coups. À la demi-heure, petit répit, mi-temps et reprise du jeu – pardon, des hostilités – jusqu'à la 58e minute. Nouvelle bagarre et coup de pied à terre sur le troisième-ligne de Lavelanet Serge Nègre. L'arbitre n'avait plus le choix que d'arrêter le match. La mise à mort de cette corrida fut ponctuée par une victoire de Lavelanet sur le score de 9-6, grâce au trois-quarts André Maratuech, qui marqua un essai sans que personne ne touche le ballon, puisque l'ensemble des joueurs étaient occupés à se préparer à une bagarre après une énième chandelle.

Maintenant il va falloir, pour les Niçois, sortir des vestiaires et traverser le terrain pour regagner leur car. Ils se hasardent au milieu du public qui éructe, mais avec leurs crampons en guise de frondes. De quoi refroidir les plus courageux qui aboient en meute mais qui ne s'approchent pas trop près. « J'avais pu déjà constater cela en montant dans les tribunes à Castres ou à Romans ; les gens gueulent mais s'échappent vite », raconte André Herrero. Oui, mais tout le monde n'avait pas le regard bleu ardent d'André pour intimider les braillards. « Au sortir de Mayol, j'avais vu un jour les Grenoblois, avec Lanfranchi, Bionda, Rein, Parolai, Smogor et Pliassoff, faire reculer une foule en délire en se mettant dos au mur et en invitant les plus hargneux à s'approcher pour recevoir du pain bénit. Et personne ne s'est approché. »

Les quatre gendarmes qui veillent au bon ordre sont débordés. Un spectateur hurle : « Attention, ils sont armés. Il y en a un qui a piqué le pistolet à un flic. » Quand on vient de Toulon ou de Nice, on est vite catalogué comme des voyous ou des gangsters. Du grand n'importe quoi. En fait, en plaisantant, il y a un coéquipier qui a dit à Vadella : « Sors le calibre. »

Résultat des courses, ou plus exactement verdict de la commission de discipline : Herrero, Hache, Sappa suspendus *sine die*, trois points enlevés au classement à Nice. Et trois matches de suspension pour le capitaine Claude Lacaze, sorte de « Légion d'honneur » pour l'ancien arrière et ouvreur de l'équipe de France, qui n'a jamais fait de mal à une mouche.

Cinquante ans plus tard, tout est effacé. Figurez-vous que chaque année est organisée une journée « Pétanque et rugby », une grande fête qui réunit les anciens joueurs de Lavelanet. André Lannes n'avait pas la rancune tenace. Il a invité André Herrero et

Jean-Claude Ballatore au concours de pétanque. Reconverti au jeu de boules, Herrero s'était préparé pour ne pas subir. Mais Lavelanet, cette fois encore, s'est imposé.

6

TOUR DE PASSE-PASSE À TWICKENHAM

Dans les histoires de toutes les équipes du monde, on se penche toujours avec intérêt sur la première victoire chez chacun de ses adversaires. Entrée dans le concert international le 1er janvier 1906, la France s'est inclinée, chez elle, face à la Nouvelle-Zélande (38-8) et en a pris presque autant cette même année, toujours au Parc des Princes, face à l'Angleterre (35-8), avant de perdre la première fois, l'année suivante, en Angleterre (41-13). Il fallut attendre 1979 pour qu'elle gagne chez les All Blacks, à Auckland (24-19). Mais l'histoire qui nous tient à cœur, c'est l'aventure du Tournoi des Cinq Nations. La France alla gagner pour la première fois en Irlande (15-7) en 1920, en Écosse (3-0) en 1921 et au pays de Galles (11-3) en 1948.

Et ce n'est qu'en 1951 qu'elle réussit à s'imposer en Angleterre (11-3). À titre de comparaison, notons que l'équipe de France de football disputa et perdit son premier match contre l'Angleterre (12-0) en 1908. Elle attendit 1999, pour enfin gagner à Londres (2-0).

Donc en ce mois de février 1951, il pleut depuis des semaines sur Londres. Louis-Ferdinand Céline n'a-t-il pas écrit que « l'Angleterre est un océan suspendu » ? On se demande même si le match aura lieu, le terrain de Twickenham risquant de devenir une cour de ferme. Les dirigeants de la Rugby Union font le maximum et déversent du sable pour drainer au mieux la pelouse. Voilà-t-il pas que, trois jours avant le match, le temps s'arrange et que la pluie se calme. Les sélectionneurs, André Verger, Adolphe Jauréguy, René Crabos et Roger Lerou, le papa poule de l'équipe, ont formé une équipe pour tenir la route dans le lourd, estimant que ce ne sera pas un match pour les gazelles. À deux exceptions près, ils reprennent l'équipe qui a fait bonne figure et perdu de peu en Irlande (9-8). Il est vrai qu'à l'époque les sélectionneurs peuvent surprendre par leur avis et leurs décisions les plus renversantes.

Le samedi, les joueurs arrivent à Twickenham, rentrent aux vestiaires et commencent à se déshabiller. À l'époque il n'y pas de kiné, pas d'intendant, pas d'entraîneur. Roger Lerou est dans les parages et circule dans les couloirs. Dans le vestiaire, c'est le capitaine Guy Basquet qui donne les dernières recommandations. Jean Prat, qui pointe l'oreille, et qui ne partage pas la même philosophie du rugby que l'imposant et autoritaire numéro huit d'Agen, n'a pas voix au chapitre.

Tout à coup, Roger Lerou voit arriver René Crabos, Adolphe Jauréguy et André Verger. Ils disent à Lerou ce qu'ils ont décidé. Compte tenu du changement de temps, de l'état du terrain qui sera plus jouable que prévu, ils ont décidé d'apporter des modifications à l'équipe. On est à une heure du coup d'envoi. « On sort Olive et on le remplace par Porthault. Tu comprends, maintenant que les conditions de jeu sont meilleures, il risque d'y avoir davantage de jeu. Et on aura certainement besoin de gars qui courent vite. » Avec Porthault, qui a été demi-finaliste du 100 mètres aux Jeux olympiques de Londres en 1948 à Wembley, soit à une quinzaine de kilomètres de Twickenham, ils estiment que ce sera un atout supplémentaire. « Et à l'ouverture on remet Alvarez à la place de Carabignac. Celui-ci a un bon coup de pied mais il est un peu lent. Alvarez sera un meilleur attaquant, un meilleur distributeur. Et il a plus d'expérience. »

Crabos se résigne à parler aux joueurs puisque Lerou a refusé de le faire. Quelle ne fut pas la surprise du président de la FFR, Alfred Eluère, à 14 h 30, en descendant vers les vestiaires, de voir Porthault s'échauffer ! Il n'était pas prévu qu'il joue. Et, surtout, on ne lui avait rien dit.

« J'étais déjà déshabillé, se souvient le deuxième-ligne Henri Fourès. Quand Crabos a pris la parole on ne s'attendait pas à une telle annonce, mais plutôt à un petit discours d'encouragement. » En guise de paroles d'encouragement ou de motivation, on a fait mieux. Silence total. « Mes petits, nous avons bien réfléchi, on va changer quelque peu l'équipe. Toi, Dacien [Olive], tu vas laisser ta place à Alain [Porthault]. Et toi, Jo [Carabignac], tu vas laisser ta place à André [Alvarez]. Nous ne faisons pas ça de gaîté de cœur, mais pour le bien de l'équipe. » Fourès est tétanisé : « C'était glaçant. On n'avait jamais vu ça. Vous vous rendez compte, Olive avait déjà enfilé son maillot. Pas Carabignac. »

« Personne n'a moufté dans le vestiaire, rajoute Lucien Mias, l'autre deuxième-ligne, qui était tout jeune et n'avait pas voix au chapitre. Il est vrai qu'à l'époque, on ne disait rien, on obéissait. Et j'avoue que je n'ai pas réagi sur le moment. »

Avec son air patelin, l'habile Carabignac, qui ressemblait à un petit bouddha et qui avait un coup de pied très puissant, n'a rien dit. Mortifié, Olive, le Catalan de Montferrand, un redoutable plaqueur, s'est rebellé : « Merde, c'est maintenant que vous me le dites. Vous m'avez pris pour un con. »

L'affaire s'est arrêtée là. Le buzz n'existait pas à l'époque.

En fait, la victoire (11-3), la première de l'histoire en Angleterre, a tout effacé. Cet après-midi-là on a vu le jeune Mias courir aux quatre coins du terrain, Dufau affoler la défense anglaise, Alvarez diriger la manœuvre à la perfection, Jean Prat s'imposer déjà comme un très grand et surtout un pack français bouffer les avants anglais. Cela ne s'était pas joué sur la vitesse, mais bien sur la puissance des avants.

« La conséquence de tout ça, résume Henri Fourès, c'est que les Anglais accusèrent de nouveau le rugby français de se professionnaliser. Et c'est ainsi que moi-même mais aussi Soro, Dauger, Matheu, Pascalin, Siman, Lassègue, nous ne fûmes plus jamais sélectionnés. »

7

LE RACING OUBLIE LE BOUCLIER

En cette année 1959, le rugby français sort de trois ans de domination totale du club de Lourdes, trois fois de suite champion de France. Un peu usés, vieillissants, les Lourdais paient de longues campagnes depuis leur premier titre en 1948 et s'inclinent en demi-finale face au Racing (19-3). Songez qu'entre 1951 et 1954 ils ont aligné quarante et une victoires successives. Et qu'entre 1955 et cette demi-finale perdue ils ont disputé soixante matches sans connaître la défaite. Même le grand Béziers ne fera jamais mieux.

Voilà donc le Racing Club de France, trois fois champion de France, pour la neuvième fois en finale. De la finale perdue contre Lourdes en 1957 (16-13) restent Chappuis, Marquesuzaa, Crauste, Paillassa,

Grousset et le capitaine Moncla. À vrai dire, ce n'est pas une surprise de revoir le Racing en finale. Pas plus, du reste, que Mont-de-Marsan, finaliste malheureux contre Lourdes en 1953 (21-16), et surtout contre Castres en 1949 (14-3) à la suite de deux matches, puisque la finale fut rejouée, la première s'étant terminée sur un match nul (3-3).

À Mont-de-Marsan, c'est l'euphorie. Toute la ville pense qu'avec sa première ligne de fer, Amestoy-Pascalin-Cazals, Lacroix à la mêlée, les frères Boniface et Darrouy derrière, la finale ne peut pas leur échapper.

Le Racing, lui, se prépare dans l'anonymat le plus total à Colombes et prend le train à la gare d'Austerlitz pour Bordeaux, dans l'indifférence générale des autres voyageurs. Les joueurs descendent dans le somptueux hôtel de Bordeaux en face du Grand Théâtre. Accompagnent l'équipe, le président Roger Danet, par ailleurs vice-président de la Fédération française de rugby, et Roger Lerou, président de la section rugby du Racing et de la commission de sélection de l'équipe de France. Situation incongrue, inimaginable de nos jours, l'entraîneur Robert Poulain n'est pas du voyage. De par sa profession d'entraîneur national au Bataillon de Joinville, Poulain a été envoyé en mission en

Pologne. Avec son trio international, Moncla, le capitaine, Crauste et Marquesuzaa, le Racing est aussi bien paré que Mont-de-Marsan, entraîné par l'ancien ailier international Fernand Cazenave, qui était de la finale perdue avec le Racing en 1950.

Cette finale, le Racing va la gagner (8-3), à treize et demi, précise Michel Debet, qui marqua ce jour-là un but et la transformation de l'essai du deuxième-ligne Stéphane Boize.

« Nos deux piliers Labernède et Beigbeder avaient une épaule en vrac, mais ils ont tenu jusqu'au bout. Moncla s'est blessé au début de la deuxième période alors que nous menions 8-0. Sur un plaquage de Lacroix, il se casse la clavicule. Il est resté sur le terrain mais pour faire de la figuration. Et ce que nous ne savions pas et qu'il nous a appris après le match, c'est que Crauste avait une luxation très douloureuse du gros orteil. En fait, nous avons tenu à douze et demi. Sur la fin, André Boniface arrive face à moi à deux contre un avec Darrouy. C'est un miracle. J'ai réussi à pousser Darrouy du bout des doigts, qui aplatit à l'extérieur, en ballon mort donc. Darrouy a sauté de joie pour signifier qu'il avait marqué. Ferrasse (l'arbitre, oui, oui, le futur président) était bien placé. Il ne valide pas l'essai. Les Montois n'ont rien dit. Guy Boniface a marqué juste après de l'autre côté. »

Coup de sifflet final, invasion du terrain par les supporters des deux camps. Debet est porté en triomphe par ses potes de Bergerac jusqu'à l'entrée du tunnel, qui était à l'époque dans le virage ouest, à droite lorsque l'on tourne le dos à la tribune présidentielle du stade municipal à l'époque. Les joueurs du Racing rentrent aux vestiaires et sont sous la douche, quand tout à coup un dirigeant ouvre la porte : « Eh ! les gars, vous êtes sûrs que vous n'avez rien oublié ? Qu'est-ce que vous foutez ? Chaban [Chaban-Delmas, le maire de Bordeaux, président de l'Assemblée nationale, accessoirement ancien ailier de Bègles et de l'équipe de France, et sociétaire du Racing à la section tennis] vous attend pour remettre le Bouclier de Brennus au capitaine. » Chœur des joueurs : « Putain ! Mais François [Moncla] ne peut pas aller le chercher. Et nous, on est à poil. » Le dirigeant : « Ça ne fait rien. Arnaud [Marquesuzaa], rhabille-toi et va le chercher. » Voilà pourquoi la photo-souvenir montre Marquesuzaa, tout seul, en train de recevoir le Bouclier des mains de Chaban-Delmas. Et voilà pourquoi il n'y a pas de photo-souvenir des quinze vainqueurs avec le Bouclier. Et le club n'a jamais songé à en faire tirer une après coup. La seule qui existe est celle qui a été prise dans la cour des vestiaires avant le match, sur laquelle les joueurs portent un brassard noir en mémoire de l'ancien président André Pagnard récemment décédé.

Avant de reprendre le train de nuit pour Paris, l'équipe, renforcée par quatre-cinq dirigeants, mais sans les femmes ou copines qui n'étaient pas invitées, dîna à l'hôtel de Bordeaux. Dans le train, Roger Lerou laissa son wagon-lit à Moncla. En arrivant le lundi vers 6 heures du matin, sur le quai de la gare, il y avait Henri Pellizza, le directeur du club, et René Demaison, le secrétaire de la section rugby. Dans l'indifférence générale des Parisiens, tous les gars repartirent vers leurs occupations professionnelles. Le soir il y eut un dîner rue Éblé, au siège du club, comme cela se faisait tous les lundis pendant la saison. Le dimanche suivant il y eut un match amical à Rouen. Plus tard il y eut une réception à la Croix-Catelan. On remit un blazer et un réveil à chacun. Et tout le monde partit en vacances. Lorsqu'à la fin de la saison François Moncla quitta Paris et le Racing pour redescendre à Pau, le président Danet lui offrit une télévision.

8

L'EUROPE OUVRE À CONSTANTZA

Le football avait depuis longtemps sa Coupe d'Europe des clubs. À l'initiative de *L'Équipe*, soutenue fortement par le Real Madrid de Santiago Bernabeu. Le premier match de Coupe d'Europe s'était disputé en septembre 1955 à Lisbonne entre le Sporting et le Partizan de Belgrade (3-3). La finale avait eu lieu en 1956 et avait opposé le Real Madrid à Reims, au Parc des Princes (4-3).

Vu le succès populaire, médiatique et économique de cette Coupe d'Europe, on pensait dans le rugby qu'il faudrait un jour ou l'autre en organiser une aussi. Mais pas facile de faire évoluer les choses dans un sport noyauté et dirigé par les Anglo-Saxons. Rappelons qu'en 1955, la Football Association avait refusé de prendre part à cette Coupe d'Europe et avait interdit à Chelsea d'y participer. Et pour accoucher de la Coupe du monde, il avait fallu un forcing effréné d'Albert Ferrasse, le président de la Fédération française de rugby. À une réunion de l'International Board, au début des années 1980, c'est ainsi qu'il avait lancé à la cantonade : « J'ai réfléchi, on pourrait faire une Coupe du monde. » Silence dans les rangs des Anglo-Saxons de l'hémisphère nord : « C'est bien, Albert, continuez à réfléchir. » Ferrasse avait fait la passe à ceux de l'hémisphère sud. Ils allaient prestement reprendre la balle au vol. En 1987, avait lieu la première Coupe du monde de rugby à l'initiative de la Nouvelle-Zélande et de l'Australie.

Néanmoins les Français, qui ont été à l'origine de la FIRA, fédération qui regroupait les fédérations de la vieille Europe comme l'Italie et la Roumanie, ont déjà tenté un essai. Au mois de juin 1962 a eu lieu à Bucarest un match entre Grivita Rosie, le champion de la Roumanie, et Béziers, le champion de France de 1961, baptisé « finale de la Coupe d'Europe ». En plein milieu d'un voyage officiel de Nikita Khrouchtchev. Les Biterrois l'ont emporté (11-3). Trois autres éditions suivirent. En 1964, à Bucarest, Grivita Rosie battit Mont-de-Marsan (10-0) alors que le match n'alla pas à son terme, l'arbitre décidant d'arrêter parce qu'André Boniface avait refusé par deux fois de quitter le terrain. En 1966, chez lui, Agen, dont le président était Albert Ferrasse, battit le Dinamo de Bucarest (12-0), avant de perdre l'année suivante chez le même adversaire (18-0). Compte tenu des événements de Mai 68, on en resta là.

Ce n'est qu'en 1995 que fut donné le coup d'envoi de la première Coupe d'Europe. Sans les Anglais, ni les Écossais, mais avec les Gallois et les Irlandais. Toulouse fut le premier lauréat le 7 février 1996, en battant en finale à l'Arms Park le Cardiff RFC, 21-18 après prolongation.

Toulouse fut non seulement le premier champion, mais il disputa également le premier match, le 31 octobre 1995, à Constantza, en Roumanie, contre le Farul Constantza. Cette rencontre inaugurale européenne dans la deuxième ville du pays, sur les bords de la mer Noire, attira tout au plus trois mille spectateurs, composés surtout de militaires et de scolaires. En fait rien n'avait été préparé pour vraiment lancer une compétition d'une telle ampleur.

Serge Tynelski, envoyé spécial de *L'Équipe*, fut le seul témoin de cette soirée historique. « De Bucarest à Constantza il fallut faire trois cents kilomètres au milieu des attelages de charrettes et des nids-de-poule. L'équipe de Toulouse atterrit en pleine nuit et en plein brouillard sur un aéroport dépourvu de radar et de tour de contrôle. À l'aéroport, au milieu des militaires, deux journalistes roumains n'avaient qu'une question en tête : "Mais où il est Jean-Pierre Rives ?" Dans le journal, on parlait de Toulouse mais on avait imprimé le blason du TFC, le Toulouse Football Club. À l'hôtel des Toulousains, il y avait de l'électricité un étage sur deux, une salle de jeux avec un billard et un baby-foot. Au balcon de l'office des sports de la ville, pendait une affiche en carton peinte à la main pour annoncer le match : *Rugby, Farul-Stade Toulousain (Franta), Stadionul, Farulin Ziua, Ora 15 h.* Avec une imagerie qui représentait un gars en noir (Toulouse) tenant le ballon sous le bras gauche plaqué par un gars en maillot jaune cerclé de bleu (Farul). En ville, il y avait un seul restaurant ouvert éclairé par une lumière blafarde : le *Coq Doré*. »

La veille, la mission de reconnaissance de Tynelski avait été édifiante. Le stade de huit mille personnes n'avait pas de tribune couverte. Des pelleteuses étaient en action autour du stade et avaient sectionné la seule ligne téléphonique. Des femmes repeignaient la main courante.

Une fois que Tynelski eut finalement réparé le téléphone en reliant les huit fils (ça sert d'avoir vu Robert

Lamoureux dans *Où est passée la 7e compagnie ?*), installé sa lampe de poche pour écrire son article, le match put commencer entre les Rouges de Toulouse et les Roumains du Farul, qui portaient des maillots noirs à damiers comme Romans, le tout orchestré par l'arbitre gallois Robert Davies. Sous la pluie, dans la boue, éclairé par une lumière au moins aussi blafarde que celle du réverbère dans le film *L'Exorciste*. Le troisième-ligne toulousain Jean-Luc Cester marqua le premier essai de l'histoire de la Coupe d'Europe, en reprenant un ballon que Christophe Deylaud avait envoyé contre le poteau sur un but de pénalité. Ainsi Toulouse l'emporta facilement (54-10), avec huit essais et sept transformations, contre un essai transformé et un but.

Retour sous la tribune, où il n'y avait pas de séparation entre les douches avec eau chaude et le vestiaire proprement dit, comme dans nos anciens stades de villages. Réception à la salle des fêtes, quelques biscuits, des boissons gazeuses et, pour Tynelski, cinq heures de route vers Bucarest. Un beau baptême pour la Coupe d'Europe, le long du beau Danube bleu cher à Johann Strauss.

9

LE CHŒUR DES ESCLAVES DE DESCLAUX

Jean Desclaux, communément appelé « Toto », n'était pas un entraîneur facile. Il employait souvent la méthode forte et rudoyait les joueurs qui ne lui obéissaient pas. Il avait monté une redoutable équipe à Dax, qui semait parfois la terreur sur les terrains. Mais il ne put jamais être champion de France avec le club de sa ville.

En revanche, il connut une belle réussite avec l'équipe de France qu'il entraîna de 1973 à 1980. 60 % de victoires, avec notamment un Grand Chelem en 1977 et la première victoire d'une équipe de France en Nouvelle-Zélande, à Auckland (24-19), en 1979. Jean Desclaux était madré, méfiant. Il avait l'âme d'un maquignon. À ses détracteurs qui lui reprochaient un rugby trop restrictif, basé sur le rude combat des avants et le jeu au pied de son ouvreur, il rétorquait qu'il « n'a[vait] pas choisi des avants pour faire du cross ». D'ailleurs, avant la demi-finale de Dax, en 1973, contre Béziers, qui renversait tout sur son passage, il avait averti dans *L'Équipe* : « Si nous sommes agressés, je lâche les chiens. » Conscient que ces mots pourraient mettre le feu aux poudres, il avait apporté dès le lendemain un rectificatif dans ces mêmes colonnes : « Quand je parlais des chiens, je parlais des lévriers, pas des molosses. » Après la victoire éclatante contre Béziers en demi-finale (23-3), il avait décidé pendant la semaine précédant la finale contre Tarbes d'ouvrir les vannes. Mais au tout dernier moment, il avait dit à ses joueurs de tout oublier et de revenir à un jeu plus direct. Et Dax perdit la cinquième et dernière finale de son histoire (18-12).

Avec l'équipe de France, c'est pareil. Lors du rassemblement de l'équipe le mercredi soir, il est tout guilleret. Voyant les garçons qui somnolent dans le bus les amenant dans leur retraite du Club de la Shell à Rueil-Malmaison et qui ne touchent pas trop aux crudités ni au plat de poisson du soir, il dit au Dr Pène : « Ils sont bien les petits. Ils sont déjà dans le match. » Ce qu'il ne savait pas c'est que « les petits » en question, cornaqués par Jacques Fouroux, leur capitaine, avaient fait ripaille le midi au restaurant *L'Enclos de Ninon* dans le XIe arrondissement de Paris, invités par le patron : cochonnailles « a gusto », onglets à l'échalote, gratin dauphinois, poire au vin, poire williamine. Le tout avec des grands crus et du Laurent Perrier Grand Siècle. Sauf pour Jean-Pierre Rives qui tournait au Coca. Et le samedi matin, Cholley avait institué un rituel pour les gros au petit déjeuner : œufs, jambon, fromage, confiture, vin rouge à petite dose. Sauf pour Skrela et Rives qui carburaient au café.

Jean-Pierre Bastiat raconte Jean Desclaux. Le mercredi soir : « On va envoyer du jeu, samedi. » Le jeudi matin, à Fouroux et Romeu : « On va envoyer du jeu, mais il faut faire gaffe quand même. » L'après-midi à Romeu : « Attention, Jean-Pierre, il ne faut pas faire n'importe quoi. Le jeu au pied aussi, c'est important. » Le vendredi matin : « Restons sur nos gardes, les gars. » Le soir, veille du match : « Pas une balle derrière. On balance des quilles, très hautes. » Au final, l'équipe n'envoyait pas que des quilles et les trois-quarts touchaient quelques ballons, mais avec parcimonie. Pour lui, le jeu appartenait en priorité aux avants et aux demis. Autant dire tout pour les « molosses », rien pour les « lévriers », comme il appelait ses avants et ses arrières.

Et puis il y a le cérémonial du samedi, quand « Toto » Desclaux remet les maillots. Un mot pour chacun. La famille, la patrie, le drapeau. Il n'en faut pas plus pour remonter Palmié, Imbernon et Cholley. Enfin le parcours en bus vers le stade. Et l'instant suprême, l'entrée dans le vestiaire et le moment d'enfiler l'habit de lumière à la manière des toreros. C'est bien ça, la préparation à la corrida. La cigarette papier maïs au coin des lèvres dix fois rallumée, Toto veille à tout. Du reste, il doit être le seul entraîneur de l'histoire à figurer sur une photo d'équipe d'avant-match avec la cigarette à la bouche. C'était en 1974 à Buenos Aires. Rituel immuable. « Attention, les gars, vous avez des chaussettes rouges. On ne marche pas sur les chaussettes rouges. On attache bien ses lacets. » Quand l'arbitre siffle pour inviter les joueurs à rentrer sur le terrain, il les arrête : « Pas si vite. Attendez. De toute façon ils ne commenceront pas sans vous. » Fouroux remonte ses avants. Bastiat raconte : « Un jour, en Écosse, il se plante devant Cholley pendant que celui-ci s'habille. Tout en se relevant, Cholley suspend en l'air Fouroux qui s'est agrippé à son cou et qui vocifère face contre face. À Cardiff, c'est Palmié qui ouvre la porte des toilettes à l'envers en faisant sauter les gonds. Une autre fois à Dublin, en faisant des moulinets dans le vestiaire,

Cholley a transpercé le plâtre du plafond avec son poing. »

Là, c'était en 1977 avant la dernière levée du Grand Chelem, qui fut remporté par les quinze mêmes joueurs, exploit unique. Au milieu de cette sauvagerie, de cette ambiance de révolution, « Toto » Desclaux demande aux joueurs de se mettre en rond autour de lui. Au lieu d'entonner un discours guerrier, il sort un petit magnétophone et il leur fait écouter le « *Va, pensiero* », la musique du chœur des esclaves de *Nabucco* de Giuseppe Verdi. La « horde sauvage », comme l'a surnommée la presse britannique, va fondre sur le terrain et sur les Irlandais, qui avaient fait tomber la grêle en début de match.

Deux ans plus tard, à Rovigo, pour leur premier match contre les All Blacks, les Italiens s'en remirent à Giacomo Puccini. Devant leur entraîneur Pierre Villepreux, ému aux larmes, les frères Francescato entonnèrent a cappella avec toute l'équipe le « *Nessun dorma* » de *Turandot*, « que personne ne dorme », terminé par le « *Vincero* », « je vaincrai, je vaincrai ». Les Italiens n'ont pas vaincu les All Blacks (18-12) mais ils peuvent être fiers de leur avoir filé une sacrée frousse.

10

PREMIÈRE EN NOIR ET BLANC

En 1975, nous sommes en plein dans l'apartheid en Afrique du Sud. Le CIO a imposé un boycott total à partir de 1970. Cependant la Nouvelle-Zélande (1970), la France (1971), l'Angleterre (1972), les Lions britanniques et d'Irlande (1974) vont jouer là-bas. Cette année-là, en 1975, la France a répondu une nouvelle fois favorablement à l'invitation de l'Afrique du Sud. Mais le président Ferrasse a posé des conditions. L'organisation de matches contre des équipes de Noirs et contre une équipe multiraciale. On se dit que le père Ferrasse a peut-être poussé le bouchon un peu loin. Mais le gouvernement sud-africain a accepté. Danie Craven, le patron du rugby sud-africain, ancien demi de mêlée, demi d'ouverture, centre et numéro huit des Springboks, qui se bat depuis des années contre les politiques pour faire avancer ses idées progressistes dans le rugby de son pays, jubile. Seul bémol de la part des instances gouvernementales : pas question de parler d'une équipe multiraciale. Piet Koornhof, le ministre des Sports, impose un South African Invitational XV. Allez ! va pour un South African Invitational XV, du moment que le match peut avoir lieu et qu'il y aura une équipe composée de Noirs et de Blancs, pense Ferrasse. Il y avait déjà eu des tournées des Leopards et des Proteas en Italie et en Grande-Bretagne. Et ces mêmes Proteas et Leopards avaient été opposés en Afrique du Sud à l'Italie, l'Angleterre, les Lions et la Nouvelle-Zélande lors de tournées de ces derniers. En 1972, contre l'Angleterre, on avait assisté au premier match international entre des Blancs et des Non-Blancs (Proteas) sur le sol sud-africain (victoire des Anglais, 11-6).

En 1975, le match du Cap contre le South African Invitational XV a été précédé de deux autres rencontres. Une première contre les Leopards (équipe de Noirs) et une deuxième contre les Proteas (équipe de métis). Les deux fois, la France l'a emporté facilement : 34-9 et 37-3.

« Dans les jours précédant le match, on a senti une atmosphère particulière, explique Michel Yachvili, qui avait fait la tournée en 1971. On ressentait une pression, une tension. Bien sûr nous n'avions pas de contacts particuliers ni avec les Blancs ni avec les Noirs. Mais il se dégageait une excitation créée par les Noirs et une interrogation du côté des Blancs. Nous, nous n'étions pas concernés par le contexte, mais on relevait une certaine inquiétude chez les Sud-Africains. En tous les cas, il y avait un grand respect vis-à-vis de nous. Surtout de la part des Noirs qui étaient toujours nos plus farouches supporters lors des matches contre les Springboks et qui semblaient heureux que nous ayons accepté de les rencontrer. Autour du terrain, c'était bizarre. Mais sur le terrain, ce fut un match comme un autre. »

Dans l'équipe sud-africaine, il y a deux métis, l'ailier John Noble et le pilier Turkey Shields, et deux Noirs, l'ailier Toto Tsotsobe et le troisième-ligne Morgan Cushe. La fille de Tsotsobe, Nomsebenzi, deviendra plus tard mannequin à Paris, puis troisième-ligne, capitaine et entraîneur des Springboks féminines, enfin manager de l'équipe à la Coupe du monde en 2014 en France, avec comme entraîneurs Lawrence Sephaka, l'ancien pilier Springbok passé par Toulon, et Jacques Nienaber, le coach de la défense de l'Afrique du Sud, championne du monde en 2019. Avec eux, onze Blancs emmenés par le très progressiste capitaine des Springboks Morné Du Plessis, en numéro huit, le protégé de Danie Craven, le troisième-ligne Dugald McDonald, le futur Toulousain, la paire Hennie Bekker – Kevin de Klerk en deuxième ligne, l'ouvreur Dawie Snyman et le centre Johan Oosthuizen, tous Springboks. L'équipe avait belle allure. Et allait le prouver dans le stade de Newlands bourré à la gueule face à une équipe de France qui tenait la route : Aguirre – Harize, Badin, Etchenique, Amade – (o) Romeu, (m) Fouroux (cap) – Joinel, Julian, Lassoujade – Haget, Revallier – Forestier, Yachvili, Costantino.

18-3 pour les Sud-Africains à la sortie, avec un essai de John Noble, qui devint un héros, une idole en l'espace de quatre-vingts minutes. « Jamais je n'oublierai les cris de la foule après mon essai, a dit l'ailier Noble. Je me rappellerai toujours l'excitation que j'ai ressentie quand j'ai marqué et que tous mes coéquipiers m'ont congratulé. C'était incroyable. »

« Merci à Danie Craven et Albert Ferrasse d'avoir permis ce match, dit Morné Du Plessis. C'était très excitant. On voulait faire avancer les choses. Des deux côtés. On n'a pas partagé les chambres. Mais je pense qu'ils étaient plus à l'aise en restant ensemble. Mais à l'hôtel il n'y avait aucun problème. Surtout pas avec le personnel de couleur, très fier de cette équipe. On ne parlait pas de politique. Juste de rugby. Le sentiment que j'ai conservé de ces trois journées et du match, c'est la normalité. Nous formions une équipe comme une autre. C'était une équipe normale. Avec des Noirs qui parlaient ou pas, comme vous aviez, dans les équipes de Blancs, des gars qui parlaient ou pas. La seule surprise pour nous, les Blancs, ce fut de voir que c'était normal. Même si nous savions que c'était historique. Après le match, il y a eu une grande réception dans le palace *The President* à Sea Point. Nous étions réunis tous ensemble avec nos amis et nos familles. Quand nous nous sommes quittés le lendemain, nous nous sommes promis que nous voulions rester égaux pour la vie. C'est tellement vrai que John Noble a appelé son premier fils Morné. Une grande fierté pour moi. »

L'année suivante, ce seront les émeutes de Soweto avec plus de cinq cents morts. Et quelques semaines, plus tard, la Nouvelle-Zélande viendra encore en tournée. 1991 et la fin de l'apartheid était encore loin.

PARTIE 2

L'ARMÉE DES OMBRES

11

HAGETMAU PASSE À TABLE

Pendant longtemps dans l'imagerie populaire de la France au-dessus de la Loire, le rugby se jouait surtout dans le Sud-Ouest. Ce qui faisait dire au journaliste de football de *L'Équipe* Jacques Ferran, un des créateurs de la Coupe d'Europe des clubs, que le rugby se jouait dans des cours de ferme. Une petite pique pas bien méchante à l'adresse de ses estimés collègues du rugby de *L'Équipe*, mais qui en disait long néanmoins sur la perception de la gente journalistique parisienne au sujet de ce sport joué avec les mains pour manipuler un ballon ovale.

Et pourtant on ne peut pas occulter l'enracinement du rugby dans le Sud-Est, dans le Centre, le Sud et même à Paris avec sa grande banlieue, qui a toujours eu le plus grand nombre de licenciés. Ainsi, à y regarder de plus près, le rugby n'est pas implanté que dans la région bordelaise, la région toulousaine, le Pays basque, les Pyrénées, le Lot-et-Garonne et les Landes. Ni même autour des places fortes qui furent ou qui demeurent, telles que Bordeaux, Toulouse, Castres, Bayonne et Biarritz, Lourdes, Tarbes, Pau, Agen, Mont-de-Marsan, Dax, pour parler des clubs qui ont marqué à un moment ou un autre l'histoire de ce sport.

Ainsi, le Sport Athlétique Hagetmautien, club de la ville d'Hagetmau (4 500 habitants), située dans la Chalosse à trente kilomètres au sud de Mont-de-Marsan et à quarante-cinq kilomètres à l'est de Dax. Ville portée pendant longtemps par l'industrie de la chaise, au point qu'à la sortie de l'agglomération sur la route d'Orthez trône une énorme chaise de vingt mètres de haut pour rappeler le passé économique du coin.

Champion de France de deuxième division en 1980, champion de France du groupe B en 1983, Hagetmau accède à la première division lors de la saison 1983-1984, en battant en finale le PUC (12-7). Un match nul contre le voisin Aire-sur-l'Adour, deux victoires sur Perpignan et Aurillac, et c'est un aller-retour. Mais le petit village d'irréductibles du président Lotterie s'accroche. Ce club est à l'image de son président qui ne fait aucun complexe et qui rêve de rivaliser avec les meilleurs : « Je préfère vivre dix ans comme un taureau que trente ans comme une vache », a coutume de dire Jacques Lotterie. La matière première, la main-d'œuvre, Lotterie l'a sur place, même si on se demande encore en Chalosse comment le futur international de Mont-de-Marsan et de Toulon Eric Melville, sud-africain d'origine, a pu atterrir un jour ici. Dans ce club où sont passés le futur Racingman Jacky Violle, les futurs Montois Jean Jouglen et Jacques Dumartin, tous trois internationaux B, il y a une forte tradition rugbystique. Lotterie comprend très vite que pour rivaliser il lui faudra un entraîneur compétent. Il réussit à convaincre l'ancien trois-quarts aile de Mont-de-Marsan Max Godemet, alors responsable des cadets montois, qui intégrera plus tard le staff de l'équipe de France. Godemet, intellectuel du rugby de la mouvance René Deleplace, on se demande bien ce qu'il va faire au pays des frères Lansaman, qui répandent la terreur sur tous les terrains de la région, à l'image des Dalton dans le Grand Ouest américain. « Tu vas tenir huit jours », lui lance André Boniface. « Moi-même je me suis posé la question, reconnaît-il. Pourquoi j'ai accepté de plonger dans la ruralité du rugby ? Finalement j'y suis resté quatre ans et je me suis régalé. Quand nous avons rencontré le PUC en finale du groupe B, un journal a opposé l'intelligence à la force. J'ai beaucoup aimé ce moment où il a fallu travailler l'intelligence dans l'action avec des gars qui étaient considérés comme des rustres. »

Très vite, Godemet sent qu'il y a un vrai potentiel à Hagetmau et que l'on peut réussir quelque chose autour des Lansaman. Cette tribu Lansaman est issue du village de Momuy, où l'on joue au basket puisque c'est un instituteur qui y a introduit ce sport. Il faut se rappeler qu'avant et après-guerre ce sont les instituteurs et les curés qui, souvent, ont occupé la jeunesse sur les terrains de sport, que ce soit au basket, au football ou au rugby. Les Lansaman sont cinq frères : Max, l'arrière, Francis, le pilier, Bernard, le joueur protée des lignes arrière, et Alain, le troisième-ligne, considéré sur tous les terrains de France comme une terreur et qui manqua à n'en pas douter une carrière internationale en restant dans son village. Le cinquième, Serge, s'est contenté d'assurer le mandat de maire pendant longtemps. Mais il était tout de même marié au rugby puisque son épouse, Pascale Requenna, n'était autre que la fille de Louis, l'ancien demi d'ouverture de Mont-de-Marsan.

Hagetmau redescend la première année, mais remonte deux ans plus tard. Et là ce n'est plus la même histoire. Sept victoires à domicile dont deux contre les voisins landais Dax et Tyrosse, deux défaites à la maison contre Agen et Lourdes, et une victoire à Tyrosse.

« C'était l'époque où l'on pique-niquait sur la route pour aller jouer à Montferrand, où l'on a failli gagner du reste, raconte Max Godemet. La diététique, ils ne connaissaient pas. Et j'ai bien vite compris qu'il ne fallait pas changer leur mode de vie. Deux entraînements par semaine suivis de deux repas. Un jour, avant un huitième de finale de groupe B contre Mazamet, j'ai dit à André le cuistot de ne pas faire les gigues de chevreuil données par le syndicat de chasse, parce que nous avions un match important. » « Comment il n'y a pas de gibier ? » s'est exclamé en colère le capitaine « Jacon » Ducourneau. Godemet a compris le message. Et comment aurait-il pu aller à l'encontre des envies de ses joueurs puisque ceux-ci étaient toujours au rendez-vous sur le terrain ? La semaine suivante une odeur de civet de chevreuil flottait dans le réfectoire : « En fait ces repas étaient fédérateurs avant de monter à l'assaut. »

Hagetmau devient la hantise de toutes les équipes. Hagetmau est craint partout. L'année suivante arrive le match de barrage contre le grand Béziers à Toulouse, Godemet laisse faire le cuistot André. Pour André, c'est une fête de rencontrer Béziers. Ducourneau et ses potes ne vont pas être déçus. Et c'est Alain Lansaman qui se met au barbecue pour faire cuire les côtelettes de sanglier. « À la fin, après le Get en guise de digestif, un gars a allumé une cigarette. Là, le troisième-ligne Degoul s'est mis en pétard : “Ça ne va pas non ? On a un match à préparer dimanche !” »

Ce dimanche-là, à Toulouse, Hagetmau a failli réaliser l'exploit. Il mena au score pendant presque une heure et Béziers fut tout heureux de s'en sortir (10-6). En matière de diététique, Max Godemet en a déduit qu'il faut servir du chevreuil aux trois-quarts pour qu'ils courent vite et du sanglier aux avants pour qu'ils soient forts.

12

ŒIL DE VERRE

Dans le jargon sportif, on a coutume de parler d'une équipe de « bras cassés » lorsque celle-ci est nulle ou s'est alignée avec beaucoup de titulaires absents. On racle les fonds de tiroirs et on fait ce que l'on peut pour faire face. Bien entendu on n'a jamais vu une équipe se présenter avec un joueur qui a un bras cassé. Se présenter non, mais il y a au moins un exemple avec Colin Meads, le légendaire deuxième-ligne et capitaine des All Blacks, qui termina un match avec un bras cassé. C'était lors d'un des premiers matches de la tournée de la Nouvelle-Zélande en Afrique du Sud en 1970. Dans les premières minutes, il reçut un coup de pied sur le bras dans une sauvage mêlée ouverte. Il sentit une douleur, une gêne. Au bout de vingt minutes, il alla voir le soigneur sur le bord de la touche qui lui dit que la douleur venait certainement du pincement d'un nerf. Donc il resta sur le terrain. La radio prise après le match montra une fracture franche. Il fut opéré et rejoua un mois plus tard au cours de cette même tournée.

Dans un registre différent, Pierre Lacans, capitaine et troisième-ligne de Béziers, a disputé et gagné la finale de championnat contre Nice en 1983 (14-6) avec une fissure du péroné qui le gênait depuis plusieurs matches. Outre-Manche, le deuxième-ligne anglais Nigel Redman a tenu à jouer un match international en ayant complètement immobilisé son gros orteil fracturé et en ayant rentré le pied dans la chaussure après avoir badigeonné sa chaussette de vaseline. N'importe qui tomberait dans les pommes !

Il y a aussi ces joueurs qui ont joué avec un œil de verre. En 1961, l'Afrique du Sud effectue une tournée en Europe. Elle a gagné ses quatre premiers tests au pays de Galles (3-0), en Irlande (8-3), en Angleterre (5-0) et en Écosse (12-5). Reste un dernier match à Colombes, contre la France, pour réaliser le Grand Chelem. Ces « rugbymen du diable », comme on les appelle, sont redoutables. Particulièrement leur troisième-ligne Martin Pelser, qui joue avec un œil de verre. Ce n'est pas commun. Même si, en 1920, les deux piliers, l'Écossais Jock Wemyss et le Français

Marcel Lubin-Lebrère, borgnes tous les deux à la suite d'un œil perdu à la guerre de 14, s'étaient retrouvés face à face en mêlée pour le France-Écosse de la reprise (0-5).

Ce 18 février 1961, tout le monde parle de ce France-Afrique du Sud. « Roger Couderc a déclaré dans son micro : "C'est le match du siècle", se souvient Pierre Albaladéjo qui jouait demi d'ouverture ce jour-là. Il va y avoir des morts. Heureusement que nous connaissions les Springboks, sinon il nous aurait foutu la frousse, ce brave Roger, qui exagérait tout. Après une mêlée chahutée, notre pilier Amédée Domenech me dit : "Pelser, je lui ai fermé son œil valide, il n'est plus borgne, il est aveugle. Tu peux attaquer sur son côté." » Albaladéjo va voir son demi de mêlée Pierre Lacroix et tous les deux décident d'attaquer sur la prochaine mêlée du côté de Pelser. Côté fermé, « Bala » s'engage… et prend un terrible tampon de la part de Pelser. « Je me relève tant bien que mal et je croise Domenech : "Dis donc, Amédée, tu es sûr que tu lui as fermé son œil valide. Moi, je crois que tu as touché son œil de verre. Il n'est pas aveugle du tout." »

Résultat des courses : match nul, 0-0. Pas de Grand Chelem pour les Springboks.

Toujours au pays des Springboks, treize années plus tard, les Lions britanniques et d'Irlande sont en tournée. Ils se savent attendus de main et de pied fermes. Lors de la dernière tournée, en 1968, ils ont vécu l'enfer et ont subi de violentes attaques. Pour la première fois, ils ont eu un joueur expulsé, le pilier gallois John O'Shea, qui avait répondu tout seul à une agression sous les yeux de l'arbitre sud-africain. Pour ne pas connaître une nouvelle fois cette infamie, ils décident d'une tactique de préservation, appelée « 99 ». Il était entendu qu'à la moindre bagarre déclenchée par les Sud-Africains, le capitaine hurlait « 99 » et les huit avants ou les quinze joueurs se rebellaient comme un seul homme. L'arbitre, alors, aurait été bien embarrassé pour désigner un coupable. Lors du troisième test, à Port Elizabeth, il tombe du feu. Un match d'une violence inouïe. À un certain moment, le capitaine Willie John McBride ordonne « 99 ». Bagarre générale et tout d'un coup le troisième-ligne sud-africain Johan De Bruyn prend un coup de poing du deuxième-ligne écossais Gordon Brown. Son œil de verre gicle. « Arrêtez, arrêtez, j'ai perdu mon œil de verre », hurle-t-il. La bagarre cesse. Et voilà les trente joueurs et l'arbitre qui se mettent à genoux et cherchent dans la boue le fameux globe. Au bout de quelques minutes, De Bruyn se relève : « Je l'ai trouvé. » Il le trempe dans le seau d'eau du soigneur, le remet dans son orbite. Et le jeu, ou plus exactement le combat, reprend. Troisième victoire des Lions (26-9) qui feront match nul lors du quatrième et dernier test et finiront la tournée invaincus.

Mais l'histoire ne s'arrête pas là. De longues années plus tard, le deuxième-ligne écossais des Lions Gordon Brown, atteint d'un cancer, organisa une vente aux enchères de trophées sportifs pour une œuvre caritative. Premier lot : l'œil de verre que De Bruyn lui a apporté personnellement.

13

LE FRANÇAIS D'OXFORD

Parmi les sportifs, ils ne sont pas nombreux à avoir suivi des études à l'étranger et à pratiquer leur sport pour l'université. À une certaine époque il était de mode d'aller dans les universités américaines, qui offraient des bourses d'étudiant à des champions européens. Le lanceur de marteau Jacques Accambray (université de Kent) et le perchiste François Tracanelli (UCLA) franchirent ainsi l'Atlantique. Les nageurs Alain Mosconi et Michel Rousseau s'entraînèrent à USC, en Californie. En rugby, il faut reconnaître que les joueurs français étaient plutôt casaniers. Quant aux étrangers qui vinrent en France, ils le firent plus par curiosité ou pour leur travail que pour faire des études. Parmi les plus connus, David Kirk, Chris Laidlaw, Andy Haden, Graham Mourie, Bob Burgess (Nouvelle-Zélande), Andy Ripley, Chris

Ralston (Angleterre), Donald McDonald, Ronnie Thomson (Écosse), Andy Mulligan (Irlande), Hugo McNeill (Irlande), David Marques, John Curry, Roger Shackleton (Angleterre), Dougall McDonald (Afrique du Sud), les frères Iachetti (Argentine).

Au milieu des années quatre-vingt-dix, le jeune trois-quarts centre de Grenoble Jérôme Riondet, joueur du Racing, fait un rêve : « Et si j'allais jouer à Oxford ? » Ce qui induisait de faire des études à Oxford, en anglais. Ce n'était pas gagné. « En fait je voulais aller en Afrique du Sud ou en Angleterre, explique-t-il. Le hasard fait que le soir d'un match avec l'équipe de France Juniors contre l'Angleterre, à Bristol, je sympathise avec l'ailier de Bath Adedayo Adebayo. On ne parlait pas la même langue mais, la bière aidant, un premier contact est établi avec l'Angleterre. »

Le hasard fait aussi que Denis Charvet dispute un match traditionnel avec l'équipe du Major Stanley. Chaque année, un mois avant le Varsity Match, Oxford-Cambridge, cette équipe composée sur invitation rencontre Oxford en match de préparation. Riondet part en Angleterre rejoindre sa copine, et se rend à Oxford pour le match : « Quand je leur ai parlé de mon projet, je les ai fait rire : "Avec ton anglais, ça va être compliqué." » Eh ! oui, le rugby ce n'est pas tout. Surtout que pour entrer à Oxford (ou

Cambridge), il faut passer un entretien, en anglais bien entendu. Il s'installe à Londres, passe un an au Westminster College dans Soho. Il joue aux Wasps, aux London Welsh, puis aux Harlequins, où le pilier de l'Angleterre Jason Leonard lui sera plus tard d'une aide précieuse. Il trouve un job dans un hôtel, où il est chargé de nettoyer les toilettes du personnel. Il faut bien croûter à Londres.

En mars 1995, il passe et réussit le concours d'entrée à Oxford. Admis au Mansfield College, spécialité théologie et relations internationales. Le voilà parti pour un Masters sur deux ans. Il est nourri, logé, mais doit payer les études (45 000 euros pour les deux années). Et la deuxième année, il n'y a pas de bourse. « J'ai emprunté de l'argent à la Barclays sans le dire à mes parents. J'ai passé mon examen de fin d'études, écrit et oral, en smoking, en bénéficiant d'un dictionnaire de par ma qualité d'étranger. Comme j'ai été reçu avec mention, j'ai bénéficié d'une bourse au mérite du gouvernement qui a effacé mon emprunt. »

Mais, on s'en doute, Jérôme Riondet n'est pas venu à Oxford pour approfondir sa science de la théologie, même si le père jésuite français Pierre Teilhard de Chardin est au programme. Maintenant il faut gagner sa place sur le terrain. Pour le jour J, c'est-à-dire pour le Varsity Match contre Cambridge.

Le jeune garçon de Grenoble débarque sur une autre planète. Il est plongé à des années-lumière de nos matches de championnat, des joutes de séries inférieures ou même de nos matches universitaires. « Le cérémonial tient de la magie », assure Riondet, qui devient le premier français de l'histoire à disputer le Varsity Match depuis son instauration en 1872. La sélection est faite par le capitaine tout au long des matches de l'année. Cette année-là le capitaine est l'ailier de l'Irlande et des Lions, Tyrone Howe ; le vice-capitaine est l'ouvreur de l'Irlande, David Humphreys, tous deux originaires de l'Irlande du Nord.

« Le match a lieu le deuxième mardi de décembre. Nous sommes convoqués deux dimanches avant le match au club des Sportsmen. Là, le capitaine annonce l'équipe. Généralement il n'y a pas de surprise. Et le mardi précédant la rencontre les deux équipes sont présentées à la presse. Première obligation, choisir et inscrire sa partenaire pour le bal de la soirée du match. Moi, j'étais célibataire, alors j'ai demandé à la petite amie du capitaine des rameurs, qui fait le Boat Race, autrement dit Oxford-Cambridge en aviron, de m'accompagner. »

Le dimanche soir, direction le *Richmond Hill Hotel* à quelques kilomètres de Twickenham. Le lundi soir, repas des anciens. Petit réveil musculaire le mardi matin, tirage au sort du vestiaire. Anciens des deux universités, hommes d'affaires, jeunes écoliers qui ont déjà choisi leur camp pour plus tard, tout ce monde remplit Twickenham, qui a accueilli une année 75 000 spectateurs, et entonne *le God Save the Queen* avant le coup d'envoi. Match à 14 heures. Les deux juges de touche sont les deux capitaines de l'édition précédente. Défaite cette année-là d'Oxford (21-19), remise d'un gros saladier à l'équipe vainqueur, tea-party avec les parents et les invités. Direction le centre de Londres et le *Hilton* pour le dîner, chaque équipe étant dans une salle séparée. Ce n'est qu'au moment du bal que les deux équipes se mélangent, les joueurs habillés en blazer et en pantalon de smoking. « Et de retour à Oxford, photo de l'équipe, toujours au même endroit, dans un angle de notre stade, ces photos constituant l'histoire de notre université. »

Et depuis 1988 la tradition se perpétue en rugby avec les filles, la première édition ayant été remportée par Cambridge à Oxford (8-6). Ensuite tout au long de l'année universitaire, les dates et les défis se succèdent entre Oxford et Cambridge. Février, la boxe, avril, l'aviron, juin, le cricket et juillet l'athlétisme.

14

LÉONARD DE VINCI DANS LA MÊLÉE

De tout temps, le rugby a attiré du beau monde. Spectateur de la finale des Jeux olympiques de 1924, à Paris, remportée par les États-Unis sur la France (17-3), Henry de Montherlant avait été horrifié par la violence du match et avait écrit son dégoût dans *L'Intransigeant* : « Jauréguy tombe, reste sur place. On l'emporte dans les bras, livide, la tête tombante, les yeux fermés. [...] Sans cesse quand la mêlée se défait on voit une tâche bleue immobile à terre, plate comme une chose pas humaine. [...] J'ai assisté à plus de trois cents corridas. Je n'en ai pas vu une seule où, en une heure et demie, trois hommes avaient été emportés sur la civière. » Jean Giraudoux, lui, estimait que le rugby devait servir de modèle à notre société.

« Il demande huit gars qui doivent être robustes et actifs, deux agiles et vifs, quatre grands et rapides et le dernier un modèle de calme et de sang-froid sous la pression. » Antoine Blondin n'était pas loin de partager le même avis que Giraudoux : « Le rugby n'est pas un jeu de société mais le jeu d'une société. Le rugby est aux antipodes du one-man-show. »

Pas étonnant que cinéastes, comédiens ou musiciens aient aimé et aiment ce sport. Dans leur métier on travaille toujours en équipe. Richard Burton, Russell Crowe, Roger Waters des Pink Floyd ont joué. En France, il y a eu Frédéric Rossif avec son équipe de la Légion étrangère, Patrick Sébastien, Kad Merad. Victor Lanoux, Claude Brosset et Maurice Sarfati montèrent l'équipe de « L'Union des Artistes » engagée dans le championnat FSGT, dans lequel ils n'étaient pas accueillis avec tendresse sur les terrains en mâchefer de la région parisienne. C'est pourquoi, en préambule de la première mêlée, Sarfati, un criquet de talonneur de 1,65 m et 65 kg, recommandait toujours à ses adversaires : « Faites pas les cons, les gars, on joue au théâtre ce soir ! »

Mais il y en a eu un autre qui ne s'embarrassait pas de précautions ou de recommandations de ce genre : Philippe Leroy-Beaulieu, troisième-ligne ou talonneur du Racing, 1,83 m, 83 kg. Avant de devenir l'acteur que l'on sait, de se faire connaître en 1960 dans le film de Jacques Becker, *Le Trou*, avec Michel Constantin, international de volley-ball, créateur de la rubrique BHV (basket, hand-ball, volley-ball) à *L'Équipe*, et de devenir pour la télévision italienne un inoubliable Léonard de Vinci, Leroy-Beaulieu fut un excellent joueur de rugby au Racing Club de France, où il côtoya Michel Crauste, François Moncla, Gérard Dufau, Alain Porthault.

« Comme il pouvait jouer aux deux postes de troisième-ligne et de talonneur, il était souvent remplaçant, se rappelle Michel Debet qui, comme Leroy-Beaulieu à ses débuts, a fait de la figuration dans le spectacle. Lui dans les films, moi à l'Opéra. J'ai fait de la figuration dans *Le Martyre de Saint-Sébastien* de Claude Debussy, sur un livret de Gabriele D'Annunzio et une chorégraphie de Serge Lifar avec Ludmila Tcherina. Avant la finale que nous avons gagnée contre Mont-de-Marsan en 1959 (8-3), je suis passé à la Une de *France-Soir* avec Ludmila Tcherina. C'est comme ça que mes adversaires croyaient que j'étais danseur à l'Opéra. C'est pour cela aussi que, lorsque j'allais chercher le ballon près de la main courante, je me faisais traiter de pédé. »

C'était également le traitement que l'on pouvait réserver également à Philippe Leroy-Beaulieu. Fils d'un inspecteur des finances, conseiller financier du haut-commissariat allié à Berlin puis de l'ambassadeur de France à Bonn, Leroy-Beaulieu n'a pourtant pas été élevé dans du coton. Engagé comme parachutiste en Indochine puis en Algérie, Légion d'honneur, Croix de guerre, il se sentait parfaitement à son aise au rugby. « Sur un terrain il était très courageux, dit de lui Michel Debet. Il courait partout. C'était un véritable athlète. Quand ça tombait il ne s'échappait pas et il balançait quand il fallait. »

Un jour, à Mont-de-Marsan, il était opposé directement au talonneur de l'équipe de France, Pierre Pascalin. Un bon joueur, international, doublé d'une réputation pas volée de brute épaisse. Toute la partie, Pascalin le traite de pédé, de tafiole, de grande folle, etc... Bien entendu il attend que Leroy-Beaulieu, qui joue ce jour-là talonneur, se rebelle afin de lui régler son compte. L'autre ne bronche pas, ne répond pas, ne dit rien. À vrai dire on peut se demander aujourd'hui si Pascalin n'a pas échappé à un châtiment, au cas où le capitaine parachutiste aurait dégoupillé. Le match se termine. Douché, habillé en blazer, chemise et cravate, Leroy-Beaulieu se dirige vers le vestiaire de Mont-de-Marsan. Il rentre. Tous les Montois croient qu'il vient les saluer et bavarder, comme cela se fait entre gentlemen, surtout avec les

« fair-players » du Racing, comme aimait les appeler le truculent Robert Soro. Il se dirige directement vers Pascalin, qui a fini de se doucher et qui, à poil, s'essuie avec sa serviette tout en discutant avec un ou deux coéquipiers. Pascalin sourit. Et là Leroy-Beaulieu lui met une petite gifle genre soufflet de mousquetaire, tourne les talons et sort du vestiaire. Et le gros lourdaud de Pascalin se retrouve subitement comme un con au milieu de son vestiaire. Pas un joueur montois n'a bougé. Plusieurs ont même rigolé. Et il est même certain qu'il a dû essuyer quelques quolibets. Prendre une claque de Léonard de Vinci, ce n'est pas commun.

15

SUR LES ROCKS À SYDNEY

Été 1968, l'équipe de France vient de terminer la deuxième tournée de son histoire en Nouvelle-Zélande. Comme en 1961, le bilan est nul : trois tests, trois défaites. Mais autant en 1961 les Français étaient complètement passés à côté de leur tournée, autant celle de 1968 était porteuse d'espoirs. Pendant un mois et demi ils ont enthousiasmé la Nouvelle-Zélande avec leur jeu emballant. Certes les All Blacks avaient gagné les trois tests, mais à chaque fois ils avaient tremblé jusqu'au bout, bien aidés par un arbitrage patriotique de MM. Millar, Pring et Murphy. « Franchement on a été allumés par les arbitres », dit Benoît Dauga qui, avec Walter Spanghero, avait fait aussi bien que contre les Springboks à Springs en 1964. Ils avaient été tout simplement les égaux des Meads, Lochore, Tremain, Gray et leur équipe, certainement une des plus grandes équipes All Blacks de tous les temps.

« On a été volés. Dans le premier test, on mène et on est battus sur une dernière mêlée près de notre ligne de but, sur une décision très litigieuse. On perd 12-9. Dans le deuxième, malgré un but énorme de 65 mètres de Pierrot [Villepreux], on est battus. Rien à dire. Dans le troisième, on est menés 16-0 à la mi-temps. On marque trois essais magnifiques et l'arbitre en refuse deux autres parfaitement valables. On finit à 19-12. Walter a toujours eu cette tournée en travers de la gorge. Cinquante ans après, lorsqu'il nous a tous réunis chez lui pour une journée souvenir, il en parlait encore. »

Plus que l'arbitre, c'est la longueur de la tournée qui a fait mal aux Français. Il faut rappeler le contexte. Les événements de Mai 68 ont brusqué les choses. La finale entre Lourdes et Toulon, qui s'est terminée sur un score nul 9-9, n'a pas été rejouée, comme cela avait été le cas en 1949 ; Castres et Mont-de-Marsan ayant fait match nul 3-3, la finale avait été rejouée la semaine suivante, comme l'exigeait le règlement, les Castrais l'emportant, 14-3. Là, le départ pour la tournée en Nouvelle-Zélande a précipité les choses. On ne pouvait pas rejouer cette finale qui fut finalement gagnée par les Lourdais au bénéfice des essais (2 pour Lourdes contre 0 pour Toulon). Et en guise d'intendance, en plus de Jean-Claude Bourrier et Henri Fourès comme dirigeants, ce sont les joueurs Jean Andrieu, en quatrième année de médecine, qui fait office de médecin, et Jean-Louis Bérot, qui a commencé ses études de kiné, qui est le soigneur.

« Pratiquement deux mois loin de chez nous avec un supplément de deux matches en Australie, cela était trop long pour nous, explique Dauga. La plupart d'entre nous avaient juste commencé une activité professionnelle, d'autres faisaient des études. On ne savait pas comment on allait retrouver le pays. On téléphonait très peu car c'était cher. Nous étions isolés, coupés de chez nous. Au bout de quinze jours Michel Billière voulait rentrer en France. En plus on ne parlait pas anglais. Et même si les Néo-Zélandais étaient adorables avec nous, les journées étaient longues. »

En partant pour l'Australie, c'est comme s'ils étaient sur le chemin du retour. C'était comme s'ils étaient en vacances. Certes à Brisbane, on est tout à côté de Surfing Paradise, mais l'heure n'est pas encore au farniente. Les gars du Queensland sont là pour casser du Français. Un match rugueux au cours duquel Claude Dourthe devient le premier joueur français à être expulsé pour avoir chaussé le petit troisième-ligne d'origine russe, Jules Guerassimoff.

Un cas, ce Guerassimoff. Ses grands-parents avaient quitté la Sibérie avec de faux papiers sur un bateau japonais, afin de fuir le communisme en 1920. Voilà qui annonçait un test saignant pour le samedi suivant. En fait ce n'est pas le test qui fut dur, à Sydney, encore qu'il eût son lot d'accrochages et de bagarres. Les Français étaient sur les rotules et les Australiens n'eurent même pas besoin de leur arbitre national pour l'emporter d'un point (11-10). Non, le plus dur, ce fut la troisième mi-temps qui correspondait à la dernière nuit ensemble, à la dernière fête avant de rentrer en France.

Sur les Rocks à Sydney, ça craint à l'époque. C'est dans le coin de Circular Quay, d'où partent tous les ferrys pour la baie de Sydney. Longtemps ce quartier fut aux mains de voyous, de gangs, même. Et en 1968, il faut faire attention dans les boîtes de nuit. Les Français débarquent au *Whisky A Go Go* à Kings Cross. Cela va vite se gâter. Dauga monte sur la piste de danse où il y a des filles, pour faire sortir Chenevay. Les videurs ont été plus rapides et vident ce dernier virilement. Noble arrive pour les séparer. Bagarre. Dauga intervient : « Moi, je tire un plomb au gars qui tient Noble. » Ça s'arrête. Le calme revient. On croit le climat à la diplomatie. Bérot raconte : « Tout d'un coup on voit Pierre Besson qui vole les pieds en l'air. On récupère Chenevay, puis Villepreux. Tous les deux ont chargé. Ça continue dehors violemment. Je prends un coup de poing américain dans la figure. Carrère attrape le type et lui cabosse la tête. Walter empoigne un gars et le balance dans la vitrine d'un bijoutier. Et ce n'est qu'en rentrant à l'hôtel qu'on réalise : on a laissé Benoît (Dauga) dans la nasse. »

À ce moment-là, les gars ont pris peur. Une délégation part au poste de police. Qu'est-ce qu'ils voient ? Dauga attablé avec des policiers en train de boire un coup. En fait ce sont deux flics infiltrés, en civil, qui l'avaient fait sortir de la boîte par une porte dérobée. « Vous avez eu de la chance, leur lancent-ils. Ces voyous, ils auraient pu vous flinguer, car ils sont toujours armés. »

L'affaire aurait pu faire grand bruit. Mais la presse, semble-t-il, a pris fait et cause pour les Français. Les journalistes ont déclaré qu'une équipe de France avait été agressée par des Australiens et que les autorités devraient fermer cette boîte.

16

PHYSIQUE, CHIMIE, PLAIES ET BOSSES

Jean-Loup Dabadie de l'Académie française, junior du Racing, neveu de l'ancien demi de mêlée de Grenoble René Dabadie, « le roi de la passe plongeante avant-guerre », était un passionné du rugby. Du rugby de nos pères, que son oncle l'emmenait voir à Colombes, comme ce France-Angleterre (15-0) de la reprise après guerre (1948). Du rugby de Robert Soro qui faisait son bonheur lorsqu'il répondait à un journaliste : « Comment je vois ce match ? Pour nous les avants, ça dépendra de l'état du terrain. » Les terrains secs n'étaient pas faits pour le favoriser. Dabadie était un inconditionnel du rugby de province et de Yaya, le facteur d'un village autour de Cahors, qui attendait la venue du Stade Toulousain pour aller voir son seul match de l'année. Et Jean-Loup Dabadie racontait avec délice le dépit de Yaya d'avoir manqué ça :

– J'ai attendu ce dimanche pour aller voir Brouat et Lassègue. Eh ! bien je ne peux pas y aller. Figure-toi qu'ils ont mis le match à 15 heures.

– Mais tous les matches ont toujours lieu à 15 heures, lui répond-on.

– Oui, mais moi, je fais la sieste jusqu'à 4 heures !

Histoire toute simple de ce rugby de province, quand les dimanches étaient rythmés par les vêpres pour les femmes et le rugby pour les hommes. Par les bagarres pour les joueurs, les longs déplacements en car ou en train, avec des départs aux aurores et des retours en pleine nuit, avec des points de suture, un bandage, un plâtre, des béquilles, la plupart avec un gros mal de tête.

Une autre histoire a toujours fait le bonheur de Jean-Loup Dabadie. Devenu ami de Jean Gachassin, notre académicien s'était pris d'affection pour Bagnères, l'équipe de Gachassin, Aguirre, Bertranne, Gourdon – les gazelles – et Torossian, Chevalier, Cazenave, Ramouneda – les fauves. Surtout de Pierre Ramouneda, troisième-ligne de combat, sorte de chien sans collier qui sautait sur tout ce qui passait. C'était un teigneux. « Ah ! les cœurs de canard poêlés, cuisinés par sa femme », s'enthousiasmait Dabadie.

Formé à Auch au sein d'une phalange de mousquetaires au grand cœur, Pierre Ramouneda était professeur de physique-chimie au lycée. Comme sa femme, laquelle, en revanche, n'aimait pas vraiment le rugby parce que c'était trop brutal. « Surtout parce qu'il rentrait tous les dimanches avec un pet en travers, disait Jean-Loup Dabadie. Elle n'allait pas le voir jouer. Sa hantise, c'était quand elle entendait la voiture qui arrivait à la maison après le match. C'était tard dans la nuit. La pauvre ne dormait pas. Elle était angoissée. Il est vrai que c'était rare qu'il rentre entier. Il avait toujours quelques points de suture sur la pommette, le menton, le front ou l'arcade sourcilière, un œil au beurre noir, une épaule en vrac, un genou esquinté. Qu'il ait gagné ou perdu, elle s'en foutait. Ce qui l'intéressait, c'était que son mari rentre en entier. »

Une nuit, elle entend la voiture qui se gare devant le balcon. Elle sort, elle allume la lumière. Il est sain et sauf. Pas un pansement, pas un coup, pas de nez bouffi, pas d'œil fermé, il ne boite pas. Pour une fois, il est intact. Soulagée, elle lui fait un grand sourire. Il répond par un grand sourire. La bouche grande ouverte, il lui lance : « Bonsoir chérie ! » Stupéfaction, il n'a plus aucune dent devant. Toutes les touches du piano ont sauté. Quel beau dimanche ! Chez Brel, on distribue des bonbons, là ce sont des marrons.

Ce soir-là, Pierre Ramouneda revenait de Boucau. Il fallait y aller, à Boucau, sur ce terrain de Piquessary, du nom d'un célèbre brigand du Moyen Âge. « J'ai vu des matches à faire peur, ici, raconte Bernard Perez, ancien troisième-ligne de Boucau, qui a fini dans l'arbitrage. Il fallait que l'arbitre soit courageux. Il y avait plus de spectateurs que d'habitants dans la ville. Ils montaient même sur les tilleuls pour voir les matches. »

« On savait que le match retour allait être chaud, se souvient Ramouneda. À l'aller, on avait gagné facile (33-12). À Boucau, quand tu tombes, tu as intérêt à te mettre aux abris. Je plaque, je tombe. Je me mets en position du fœtus et j'attends que ça se passe. Au-dessus, c'était sauvage. La balle sort, je relève la tête. Je suis sauvé. Et là je prends un coup de pied en pointu d'un deuxième-ligne. Toutes les dents arrachées. Pas cassées, arrachées. J'aurais dû les ramasser avant de sortir. L'arbitre n'a pas sifflé de pénalité. Et le délégué, qui avait bien mangé le midi, n'a rien vu. On s'en est sortis tout de même avec un nul (3-3) ! »

Voilà ce qu'était l'ordinaire du dimanche d'un joueur de rugby qui montait au combat. Il ne fallait pas tomber. Et Pierre Ramouneda, l'ange gardien de Jean Gachassin, était une cible facile. « Comme je plaquais toujours le premier attaquant au ras des avants, j'étais aussi le premier sous la mitraille des crampons. À Béziers, que nous avions battu 6-0 à l'aller, chez nous, nous avons eu l'audace ou l'inconscience de mettre sur le cul la mêlée biterroise et de lui prendre le ballon. Il y a eu une bagarre de trois minutes et ensuite interdiction pour nous de pousser. On a pris cher (36-10). Une seule fois, j'ai évité la purge. Mais là, ça s'est passé sous les tribunes, à Cognac. Avec Auch, nous avions un jeune pilier. Un vieux con de pilier en face n'arrêtait pas de le secouer à chaque mêlée. Moi, je le défendais et j'arrosais ce vieux con comme je le pouvais. À la fin du match, il m'a attendu dans le couloir obscur sous les tribunes. Il m'a confondu avec l'arrière Henri Poudensan [le grand-père d'Arthur Bonneval et Arnaud Mignardi] qui était blond comme moi. Et il l'a allumé. »

Pendant toute sa carrière Pierre Ramouneda a pris soin de commencer ses cours de physique-chimie le mardi. Les élèves lisaient le journal le lundi. S'il avait perdu, ça n'allait pas rigoler, il faudrait réviser les interrogations. S'il avait gagné, la semaine était calme.

17

CLERMONT, TERRE DE FORTES TÊTES

Ce qui caractérise le rugby, c'est la force physique et mentale de ses joueurs. Et c'est vrai qu'il y a de sacrés phénomènes qui sont passés dans le rugby. En Nouvelle-Zélande, il y a eu Colin Meads qui a joué pratiquement en entier un match international avec un bras cassé. En France, Alfred Roques a continué à jouer avec une côte cassée, croyant qu'il avait simplement un rhume. Jean-François Imbernon est resté sur le terrain avec trois fractures au visage.

Pascal Ondarts et Pierre Dospital étaient des champions de la force basque. André Boniface battait tous les avants de l'équipe de France au bras de fer. Et on ne vous parle pas de tous ces joueurs qui, maçons, agriculteurs, pêcheurs, forgerons, chaudronniers, étaient des forces de la nature. C'était impressionnant de serrer la main d'un joueur comme Walter Spanghero. On avait l'impression d'être pris dans un étau. C'était bizarre de sentir le cal et la dureté de la main de Jean Iraçabal.

Des hommes durs, il y en avait partout. Montferrand en avait quelques-uns qui ravissaient Michel Ringeval, ancien demi de mêlée puis entraîneur de l'ASM, plutôt poids plume par rapport à quelques avants qu'il cornaquait.

À Montferrand, le plus impressionnant fut certainement Bernard Chevallier. Un cou de taureau, des paluches qui ressemblaient à des marteaux, une force de la nature. Un deuxième-ligne « de devoir », comme l'on disait. Il ne trichait pas. Il poussait tant qu'il pouvait en mêlée. Pour cela il s'entraînait à pousser les wagons de marchandise en gare de Clermont-Ferrand où il était cheminot. La légende dit même qu'il a été viré de l'équipe de France parce qu'il poussait trop, les nouveaux dirigeants s'étant mis dans la tête de faire des piliers avec des troisième ou deuxième-ligne. Il en a pleuré d'être viré de la sorte. Ceux qui, comme Lucien Mias, ont poussé avec lui contre les Springboks et les All Blacks ne s'en plaignaient pas. Son pilier René Brejassou aimait raconter comment, à l'hôtel Louvois à Paris, où descendait l'équipe de

France, Chevallier avait déménagé l'armoire à glace afin qu'il puisse y voir mieux pour se raser.

C'est vrai qu'il y a eu beaucoup d'hommes forts et durs au mal à Montferrand. Michel Ringeval avait façonné une équipe très solide, bien charpentée, avec des avants robustes et rugueux. Jacques Carducci, journaliste à *L'Équipe*, avait même baptisé le pack auvergnat « le monstre à seize pattes. » Au milieu de cette phalange, de sacrés combattants comme Henri Bourdillon, Gérard Costes, Jacques Cristina, Dominique Sauzade. Et puis des joueurs moins emblématiques mais avec un caractère bien trempé, dont les exploits impressionnaient Michel Ringeval. Ils ne prenaient pas vingt ballons en touche, ils ne prenaient pas dix ballons en mêlée sur introduction adverse, ils n'étaient pas les meilleurs plaqueurs du championnat, ils n'encombraient pas le tableau d'affichage avec leurs essais, mais pour aller au charbon et mettre leur corps en travers des pieds de l'adversaire, Ringeval pouvait compter sur eux. Et Jean-Pierre Romeu, à l'ouverture, pouvait se friser la moustache pour jouer dans un fauteuil. Interdit et impossible de le toucher.

Il y a eu tout d'abord l'Australien Ashley Moore, deuxième ou troisième-ligne. Un monstre de courage. Au sortir d'un match à Bagnères qui se finit à treize contre treize, il ne dit rien jusqu'au retour à Clermont en car. Il a terminé avec deux côtes cassées. Silence. Il ne veut pas manquer le prochain match et surtout il ne veut pas aller à l'hôpital. La semaine suivante, après le match, dans le vestiaire, il demande au médecin de lui ouvrir un anthrax à vif. Il s'est mis une serviette dans la bouche et a enduré l'intervention sans gémir. Et il a rejoué le dimanche suivant.

Dans un genre plus folklorique, le troisième-ligne Charles Rocca et le talonneur Alain Baranowski n'étaient pas tristes. La spécialité de Rocca, c'était de soulever et de déplacer les 4 CV, quand il en trouvait une. Effectivement, dans les années soixante-dix-quatre-vingt, il y en avait de moins en moins dans les rues. Il faisait le bonheur de son pilier Jacques Rougerie, le père d'Aurélien, qui deviendra le premier capitaine de Clermont à ramener le Bouclier de Brennus en Auvergne. On s'amuse comme on peut.

Alain Baranowski, lui, ne craignait personne dans l'exercice quelquefois douloureux des entrées en mêlée. Certes, dans les années modernes, on ne disputait plus la tête, mais les joueurs de première ligne cherchaient toujours à cabosser leurs adversaires et à les écœurer pour mieux les dominer. Rentrée au casque, donc, prohibée et normalement sanctionnée, mais tolérée par certains arbitres amusés par le spectacle. Comme un lanceur qui s'entraîne à balancer les ballons en touche ou un buteur qui enfile les coups de pied à l'entraînement, Baranowski s'entraînait… à la pétanque. Mais, lui, les carreaux, il les faisait avec la tête et personne, même le pilier Costantino, ne le battait à ce jeu. Baranowski avait un sacré jeu de tête. « Un jour, à Lavelanet, il avait passé son temps avec le talonneur adverse Vedel à se rentrer en mêlée tête contre tête, témoigne Michel Ringeval. Et comme dans ce genre de matches il y avait plus de mêlées que d'envolées de trois-quarts, le tête-à-tête a été rude. À la fin du match, dans le vestiaire, j'ai compté : il avait quinze boules énormes qui s'étaient formées sur le front. »

En ce temps-là, on ne parlait pas des commotions.

18

LE COUP DE PIED DE ROCKY

Tout le monde connaît bien aujourd'hui la longue passe transversale au pied pour l'ailier décalé. Voilà un geste technique qui est devenu aussi commun qu'une passe sautée, une passe croisée, une passe après contact, un coup de pied dans la boîte, une chandelle. Si ce geste technique a pu surprendre au début tant les acteurs que les spectateurs, aujourd'hui, il est devenu une arme essentielle dans le bagage des joueurs attaquants. Pratiquement un classique. Et pourtant ce n'est pas une trouvaille toute nouvelle. Non, ce n'est pas Dan Carter ou Beauden Barrett qui ont lancé cette mode. Ni même Camille Lopez, l'ouvreur international de Clermont, qui maîtrise plutôt bien l'exercice si l'on se fie au nombre d'actions gagnantes de son équipe.

Pour cela, il faut remonter au début des années soixante. Voilà plusieurs années que Jean-Claude Roques, le demi d'ouverture international de Brive, fait des dégâts avec son jeu au pied. Et il a peu d'émules, bien que ce jeu au pied de déplacement permette à son équipe de remporter pas mal de matches. Touche ou mêlée dans les 22 mètres adverses, long coup de pied lobé en direction de son ailier grand côté en maraude près de la ligne de touche, complètement démarqué, réception de la balle et essai en coin. Une véritable passe au pied. C'est inédit. Comment lui est venue cette idée ? Une illumination, un peu d'observation, un brin de fantaisie.

Il est vrai que Jean-Claude Roques n'est pas un joueur comme les autres. Il est même plus précoce, plus doué que les autres. Il débute à 16 ans et demi en Première Division, en équipe première de Brive, avec les Delfour, Simon, Farfart, Lacombe, Lefèvre, Burguet, Besson, qui constituent la terrible phalange du « Duc », autrement dit Amédée Domenech. « J'étais terriblement impressionné, se souvient Roques. C'étaient des colosses, des monstres, pour moi. »

Une telle précocité, c'est très rare. Au football, il y a eu des joueurs encore plus précoces. Lors d'un Saint-Étienne – Paris-Saint-Germain, le Stéphanois

Laurent Paganelli, âgé de 15 ans, 10 mois et 5 jours, a remplacé en cours de match Dominique Rocheteau. Laurent Roussey, toujours à Saint-Étienne, âgé de 16 ans, 3 mois et 26 jours, a été le plus jeune à marquer un but, contre Monaco.

Jean-Claude Roques, lors de son premier match, n'a pas marqué. Le buteur à l'époque était Claude Besson, en attendant que Pierre Villepreux prenne les affaires en main. C'était donc au mois d'octobre 1959 contre Saint-Sever. « J'étais tout juste junior », rappelle Jean-Claude Roques, que ses copains appelaient déjà « Rocky ». Pourtant on ne connaissait pas encore Silvester Stallone. « J'étais gros comme une crevette. Je devais peser 55 kilos, par temps de pluie, quand le maillot était mouillé. À l'époque, on ne se faisait pas trois passes. On pouvait taper directement en touche dans les tribunes. Il fallait une heure pour récupérer le ballon. Je ne te dis pas le temps de jeu. Touche, mêlée, touche, mêlée. Quand j'entends certains qui disent "à mon époque, on envoyait du jeu", je rigole. En fait tout se passait devant. Et à Brive, dans ce domaine, on était équipés. Mais on ne devait pas être trop riche à l'ouverture. Les dirigeants ont demandé l'autorisation à mon père. Autorisation écrite, s'il vous plaît. Mais pas de match à l'extérieur. On jouait sur le vieux stade de la SNCF, le stade Gaëtan-Devaud. Là, on tapait et on envoyait le ballon dans la rue et on gagnait davantage de temps. Je jouais face à Brethes qui sera international cette saison-là. On a gagné 3-0. »

Pas de match à l'extérieur, mais il fallut bien y aller puisque Brive, tout juste monté en Première Division deux ans plus tôt, se qualifie. Un seizième gagné contre Grenoble (21-5) à Vichy, un huitième perdu contre Graulhet (9-6) à Vienne. C'était parti. L'arrivée de Jean Othats de Dax, les Villepreux, Besson, Marot, Puget, tout cela fit que Brive commença à jouer les ténors, perdant une finale en 1965 contre Agen (15-6). Et puis « Rocky » devint à son tour le patron. Il a eu le temps de mûrir son idée de coup de pied. « J'avais noté que, souvent, les défenses étaient figées sur les phases de lancement classiques. Que des défenseurs n'étaient pas toujours bien concentrés sur le schéma directeur collectif. Ils étaient distraits. Que ce soit sur une touche, une mêlée ou une pénalité, les trois-quarts adverses se serraient. Et l'ailier grand côté se plaçait la plupart du temps sous ses poteaux comme une sentinelle. Il “gardait la niche”, comme nous disions. D'où cette moitié de terrain dégarnie. Nous avons mis au point cette tactique, avec ce coup de pied long et haut que l'ailier pouvait récupérer facilement puisqu'il n'était pas marqué et que le ballon se déplace plus vite qu'un joueur. Et comme mon ailier Pierre Besson était très adroit, ça faisait mouche. On appelait cette tactique, la "Cazouls", en hommage à Henri Julien, un copain du Bataillon de Joinville, talonneur du Racing, qui venait de ce petit village, Cazouls-lès-Béziers, à côté de Béziers. Mais une fois, contre Narbonne, l'ailier canadien Douglas Schick avait vu le coup et il avait dézingué notre ailier Desnoyer. »

Combien d'essais Brive a marqué de cette façon ? Un bon paquet, prétend Rocky. Et ce jusqu'en 1976, où il joua régulièrement en équipe première et disputa une dernière demi-finale contre Béziers (défaite, 21-12), avant de finir deux ans plus tard sur une ultime victoire à Albi (18-10) avec le jeune Pierre Chadebech, né l'année où il avait joué son premier match avec Brive. Au bout de vingt ans et d'ultimes matches avec l'équipe 3 sur les terrains environnants de Nespouls ou Chameyrat, Jean-Claude Roques remisa définitivement la « Cazouls ». Enfin pas tout à fait. Il la sortit une dernière fois en match de prestige avec mes Barbares Riants, à Montevideo, contre les Old Christians, les rescapés du crash de la cordillère des Andes, pour le plus grand bonheur de son ailier, le docteur Chabellard. Je suis certain qu'il ne pensa jamais qu'elle reviendrait au goût du jour. Mais, que voulez-vous, la mode se réinvente toujours !

19

LA BATAILLE DU TOULZAC

Que ce soit dans les livres ou au cinéma, vous ne trouverez pas de trace de la bataille du Toulzac. À l'école, on apprend les batailles de Gergovie, Alésia, Poitiers, Crécy, Marignan, Pavie, Fontenoy, Valmy, Austerlitz, Waterloo, Sedan, 14-18, 39-40. Mais rien sur la bataille du Toulzac. Et pourtant, dans le milieu du rugby, elle est passée à la postérité, comme celles de l'Ellis Park, Springs, Durban, Auckland, Christchurch, Brisbane, Twickenham, Murrayfield, Lansdowne Road, Cardiff. Mais pas pour les mêmes raisons que les victoires de Mias, Crauste, Rives, Spanghero, Basquet, Prat, Fouroux, Carrère.

La bataille du Toulzac eut lieu le 14 septembre 1997, faisant suite à un match de Coupe d'Europe entre Brive et les Gallois de Pontypridd (32-31), à

Brive. Un match intense, heurté, indécis jusqu'à la fin et gagné par les Brivistes. Sauf que l'ambiance se tendit en raison d'un essai de Philippe Carbonneau, les Gallois estimant qu'il n'aurait pas dû être validé car celui-ci avait donné un coup. Discussions, parlottes avec l'arbitre, intervention des entraîneurs pour calmer les esprits. Une expression de Marcel Proust, qui n'a jamais porté un intérêt à ce jeu, illustre bien cet après-midi d'énervement : « Aux conversations cadencées des diplomates, aux arts riants de la paix, avait succédé l'élan furieux de la guerre, les coups appelant les coups. » À la 26e minute, le colosse néo-zélandais, le numéro huit Dale McIntosh, surnommé « Chief » en raison de sa ressemblance avec le géant indien Chief Broom dans *Vol au-dessus d'un nid de coucou*, s'accroche avec Lionel Mallier. L'arbitre les expulse. Le match se finit tant bien que mal. Après la réception d'usage, les joueurs brivistes invitent les Gallois à venir terminer la soirée avec eux. La célèbre troisième mi-temps. : « Venez au *Toulzac*, c'est un petit bar sympa. »

On le sait, même les matches les plus engagés se terminent au comptoir. Dale McIntosh, Paul John, le demi de mêlée, Neil Jenkins, l'ouvreur, et Kevin Morgan, l'arrière, déjà bien avinés, se pointent au *Toulzac*, une bouteille de blanc à la main. Au fond du bar, il y a Philippe Carbonneau, le pilier Didier Casadeï, le talonneur Laurent Travers et Jean Crépin de *L'Équipe*, seul journaliste qui fait le métier ce soir-là. L'ambiance devient électrique. McIntosh n'arrête pas de hurler « *Fucking* Carbonneau ». Il veut à tout prix que Carboneau boive à sa bouteille. Carbonneau décline l'invitation. « Bois un coup. – Non, non, merci. » Crépin, qui sent l'affaire se compliquer, sort sur la terrasse et demande aux deuxième-ligne gallois de raisonner McIntosh. Il s'adresse aussi à Jenkins, qui est déjà à deux grammes. Le champion de France du 100 m Stéphane Cali, que son ami l'ailier briviste Sébastien Carrat, ancien membre du relais 4 x 100 m avec Cali, a invité, a compris le danger. Il détale. Tout d'un coup ça démarre. Crépin raconte :

« Carrat a sauté derrière le bar. Les tables tombent, les verres volent. Mallier et Lamaison, qui étaient dans l'arrière-salle, rappliquent. Lamaison encaisse le premier crochet du gauche de McIntosh, qui cherche Carbonneau. K.-O. technique. On appelle les flics, qui tardent à arriver. Quand ils arrivent, Casadeï demande une matraque. Il fait reculer les Gallois. Ceux-ci lèvent le camp. Marty, le patron, ferme la grille d'entrée. On panse les plaies, on sèche le sang des blessés, la femme de David Venditti balaie pour ramasser les morceaux de verre. C'est alors qu'arrivent Patrick Lubungu et les deux piliers Olivier Gouaillard et David Laperne, prévenus de la bagarre. Tout d'un coup, qu'est-ce qu'on voit ? Les Gallois qui reviennent, avec en plus le troisième-ligne Martyn Williams, pour retourner au pétard. Sur le coup on a pensé plutôt à une sorte de réconciliation. Patrick Lubungu prend une charge et est emporté comme fétu de paille au fond du bar. Williams se jette sur Venditti et le coince au sol. Il tente de l'étrangler et de lui faire des fourchettes dans les yeux. Venditti essaie de lui mordre les doigts, mais il ne lâche pas. L'autre est devenu fou furieux. C'est alors que Lubungu (2 mètres) se relève et passe à l'action. Il plante les Gallois comme des poireaux. McIntosh et John ne font plus les barbiquets. »

Mais Williams s'acharne toujours sur Venditti. C'est là que nous reprenons la parole pour parler de Jean Crépin, qui se décide à intervenir. Ancien troisième-ligne de Guéret, il n'a jamais eu peur des batailles rangées. Génuflexion, coup de genou dans la gueule de Williams. Qui ne lâche pas. Crépin se dit qu'il faut repiquer en frénésie. Coup de sabot dans la gueule. Un peu ébranlé, l'autre ne lâche toujours pas. Pas le choix, il faut le finir à la main. Coup de poing sur les cervicales. Tel le taureau achevé au descabello, Williams lâche prise. Et le combat s'arrête faute de combattants car les renforts sont arrivés et les rangs gallois sont dès lors clairsemés, pour ne pas dire décimés. Il y a du sang partout. C'est depuis ce jour que le patron Marty, qui n'a jamais quitté le navire pendant la tempête, a accroché cette pancarte : « Entrez sans frapper. »

Jean Crépin, lui, s'en est sorti avec une fracture de la main, « la fracture du mauvais boxeur », lui a dit son médecin, et n'a même pas reçu les félicitations de la rédaction en chef de *L'Équipe*. Le lendemain de la bagarre, McIntosh, John ont été mis en examen et interdits de séjour à Brive. Au match retour, Brive, avec Lamaison mais sans Carbonneau, fit match nul à Pontypridd (29-29) avec McIntosh et Barnard. Pour le play-off, à Brive, Pontypridd, sans ses trois joueurs interdits de séjour, s'inclina 25-20. Champion d'Europe en titre, Brive alla en finale mais fut battu par Bath (19-18).

Belle campagne européenne quand même.

20

PHLIPONEAU FOUDROYÉ

Ce 8 mai 1976, Montferrand est en pleine préparation de sa finale du Challenge du Manoir contre Graulhet, prévue la semaine suivante à Colombes. Une sélection régionale composée de joueurs d'Aurillac, de Vichy et du Stade Clermontois vient faire l'opposition pour une sorte d'entraînement. Il fait une chaleur étouffante. C'est très noir au-dessus du puy de Dôme. L'orage menace, l'orage gronde. Et se rapproche du stade Marcel-Michelin. « Il y avait des éclairs, ça pétait, raconte Jean-Pierre Romeu. Mais on n'avait pas conscience du danger. On savait que le terrain était protégé par des paratonnerres et qu'il ne pouvait rien nous arriver. »

Il reste une vingtaine de minutes à jouer. Le magasinier du club, Robert, est monté sur la tribune populaire pour renvoyer les ballons. Inquiétude du centre Bernard Quinsat, qui sent tomber des gouttes de plus en plus grosses. « Il va ramasser, Robert, s'il reste là-haut. » Colère de l'arrière François Décotte : « "On s'en fout des ballons. Tu vas te faire attraper. Descends !" Moi, je n'étais pas inquiet. Travaillant comme mécanicien chez Michelin, juste en face, je savais que le stade était protégé comme la cage de Faraday. »

Un ballon sort. La touche n'a pas le temps de se jouer. Une détonation terrible, lugubre. Un pet horrible. Romeu, comme d'autres joueurs, saute de peur. « Dans cette caisse de résonance, j'ai cru que la foudre était tombée sur l'usine, raconte Bernard Quinsat. Je me rappelle avoir sauté à pieds joints en l'air et être retombé par terre, hébété. »

À ce moment-là, tous, horrifiés, aperçoivent Jean-François Phliponeau, l'ailier droit, étendu sur le terrain. Sous les yeux de l'entraîneur Michel Ringeval, qui s'était assis dans cette tribune de face et qui l'a vu tomber tout droit : « Mais je n'ai pas pensé tout de suite à la foudre. » De par sa position d'arrière, François Décotte a tout vu, tout enregistré pour le restant de ses jours. Il a échappé miraculeusement à la mort.

« Phliponeau a fait un saut de deux mètres. Et je le revois retomber de tout son long, les bras en croix. Quinsat et Luciani [l'autre centre] sont montés en l'air, eux aussi. Ils sont retombés sur les genoux, la tête basse, prostrés. Moi aussi je suis monté en l'air. Mon premier réflexe ce fut de penser à "Phlip". Jacques Cristina et Bernard Vaur, qui étaient étudiants en médecine, et Safin, de Vichy, se sont précipités vers lui. Ils lui ont fait des massages cardiaques, le bouche-à-bouche. Rien à faire. Il était mort. » Il avait trois impacts de brûlure sous les pieds.

Mort électrocuté. Il n'avait pas pris la foudre sur la tête. Celle-ci était tombée à côté. Mais elle avait été conduite par la pluie, qui s'était amassée sur le terrain très sec, et avait mortellement attaqué Phliponeau par les pieds, par les chaussures, par les crampons en aluminium.

Les joueurs sont dévastés. Quelques-uns viennent autour de Cristina et Vaur, en attendant que les pompiers arrivent pour le transporter à l'hôpital. Son épouse, Annick, est là également. « Mais il n'y avait plus rien à faire, dit Romeu. Jusqu'en haut des cuisses, il était complètement brûlé. C'était un charbon de bois. Horrible. »

Les joueurs regagnent le vestiaire. Choqués, traumatisés, incapables de prendre une décision, errant dans les couloirs, ne sachant pas s'ils doivent attendre, se doucher, partir. Partir pour aller où ? Le soir même, deux dirigeants du Racing, organisateur du Challenge du Manoir, dont Roger Lerou, sont descendus de Paris pour se recueillir devant le corps de Phliponeau. Pendant ce temps Luciani et Quinsat ont été placés en observation à l'hôpital et la sœur de Décotte, infirmière aux urgences, est venue en ambulance chercher son frère pour des examens neurologiques.

Comment Décotte, Quinsat et Luciani, postés à une dizaine de mètres à peine de Phliponeau, ont-ils été épargnés ? Eux-mêmes se sont toujours posé la question. « Comme le terrain était très sec et donc très dur, nous avions mis des crampons moulés en caoutchouc, que nous appelions des "pantoufles", avance François Décotte. "Phlip" avait gardé les crampons en alu. Est-ce pour ça que nous avons été sauvés ? Pourquoi lui n'est plus là, et moi je suis là ? Je ne sais pas. »

Venu de Rouen à Clermont-Ferrand pour étudier à l'école d'agriculture de Marmilhat, Jean-François Phliponeau avait fait tout de suite l'unanimité dans son club. Sa pointe de vitesse, ses accélérations, ses crochets déroutants lui avaient valu très vite une place de titulaire et deux sélections avec l'équipe de France, en 1973, contre le pays de Galles au Parc des Princes (12-3) et contre l'Irlande à Dublin (6-4), où il avait marqué le seul essai. « Phlip » n'avait pas fait de plan de carrière. Il n'était pas à fond dans le rugby comme les gars du cru. Il jouait comme il était dans la vie. Il venait à une réception en costume, sans chaussure. Et il expliquait à son président que c'était pour forger la corne de ses pieds. Sur le terrain il lui arrivait souvent de demander ce que Romeu avait annoncé comme combinaison, car il était distrait au moment où son ouvreur passait les ordres. Sa vie, c'était l'observation des animaux, gros ou petits. Il avait même un petit caïman en pension dans sa baignoire. Mais quand ils virent la bête grossir avec la queue qui dépassait de la baignoire, ses coéquipiers lui enlevèrent manu militari pour le remettre à un zoo au bas du puy de Dôme : « Tu es marteau ! »

Large vainqueur de Graulhet en finale du Challenge du Manoir (40-12), Montferrand sentit une nouvelle malédiction s'abattre sur lui. Au mois de septembre, son pilier réserviste Sauvagnat fut foudroyé dans ses champs.

PARTIE 3

LES COULISSES DE L'OVALE

21

JEAN PRAT LE SAUVEUR

Les troisièmes mi-temps ont toujours été plus ou moins agitées. Au pays de Galles peut-être plus qu'ailleurs, compte tenu du goût immodéré des Gallois pour la bière. On dit là-bas que les Gallois aiment bien la bière et que celle-ci leur rend bien. Mais on le sait, les excès peuvent avoir des désagréments sur la santé des fêtards, et causer des complications avec les autorités de police. Même lorsque l'on dispute un match du Tournoi des Cinq Nations. De l'Arms Park, terrain de jeu des équipes ceinturé par un cynodrome, à l'*Angel Hotel*, où réside l'équipe du pays de Galles, et au *Park Hotel*, où descend généralement l'équipe visiteuse, le chemin peut être vite semé d'embûches. Tant pour les supporters, qui remplissent les pubs de Cardiff dès le matin, que pour les joueurs qui se lâchent le soir après le banquet.

C'est justement après le banquet de Galles-France, en 1966, que se passe l'affaire du château de Cardiff.

Dans l'après-midi, la finale du Tournoi se joue entre le Pays de Galles, qui a 4 points, et la France, qui est première avec 5 points. L'affaire s'enclenche au mieux des intérêts des Français, qui jouent face à un vent violent en première période. Sur un contre au pied de « Jos » Rupert et Guy Boniface, Bernard Duprat marque l'essai entre les poteaux. La transformation de Claude Lacaze est renvoyée par le poteau. Cinq minutes plus tard, Rupert contre un ballon et va marquer au milieu des poteaux. Cette fois, Lacaze transforme (8-0). À la mi-temps, les Gallois sont revenus à 8-6. À dix minutes de la fin, le score n'a pas bougé. Vent dans le dos, Gachassin fixe la troisième ligne galloise et veut servir André Boniface d'une passe lobée. Le coup est gagnant. Mais le vent rabat le ballon dans les bras de l'ailier Stuart Watkins, qui amorce une chevauchée solitaire de 80 mètres. Héros malheureux de ce match, Lacaze revient sur lui mais n'arrive pas à le pousser sur le drapeau de touche. Dans les arrêts de jeu, Lacaze a une dernière occasion de passer le but de la victoire. Le vent lui joue encore un mauvais tour. Victoire des Gallois (9-8).

Que voulez-vous, ce n'est pas la première et la dernière fois que la France est battue à Cardiff. En route pour le banquet. Et la troisième mi-temps, qui commence mollement. Pour des raisons inconnues, Guy Boniface s'embrouille avec un *bobby* sur le parvis de l'hôtel. Le ton monte. André Boniface, Benoît Dauga et Élie Cester viennent au soutien. Le remplaçant Jean-Claude Lagrange fait voltiger le képi d'un *bobby*. Ça ne se fait pas, au Royaume-Uni. Interpellation des frères Boniface, de Cester et Dauga, qui sont amenés au poste de police, situé tout près de là dans le château fort de Cardiff, où l'on n'a tout de même pas pris la précaution de lever le pont-levis. « On a essayé de parler avec les *bobbies*, raconte Benoît Dauga. Mais il n'y a pas eu de bagarre avec eux. Et on ne s'est pas rebellés. Quand ils nous ont embarqués dans le fourgon, il y avait même Christian Darrouy qui tapait à la fenêtre parce qu'il voulait venir avec nous. C'était plutôt bon enfant. Du reste, lorsque nous sommes arrivés au poste, les flics ont été très sympas. » Reste qu'il fallait maintenant les faire sortir.

L'ami Jean Cormier, journaliste au *Parisien libéré*, venu à Cardiff pour son plaisir, bien sûr, est sur le coup. Il prévient Jean Prat et Michel Crauste, entraîneur et capitaine du XV de France. Patrick Frey, le fils du ministre de l'Intérieur Roger Frey, se propose d'accompagner au poste de police Prat, Crauste et Cormier, qui est le seul à parler anglais. Voilà nos ambassadeurs qui se présentent au château fort, redoutant un incident diplomatique.

« Et là, miracle, raconte Cormier. Le visage du capitaine s'éclaire en voyant Jean Prat : "Monsieur Rugby [en français, c'est le nom justement que les Gallois avaient donné à Jean Prat du temps où il commandait le XV de France], que je suis heureux de vous serrer la main ! Vous êtes mon héros. Ne vous inquiétez pas, on va s'arranger." Et le capitaine d'évoquer la première victoire de la France au pays de Galles : "En 1948, à Swansea, avec vous, Soro, Moga, Bergougnan. Trois essais à zéro. Et puis votre dernier match, à Colombes, quand les Gallois vous ont porté en triomphe." »

« Bon, le capitaine veut bien passer l'éponge sur l'incident, poursuit Cormier. Il demande seulement à Jean Prat que les quatre joueurs s'excusent. On prend des photos, on se serre les mains. Histoire de ne pas perdre la face. Sauf que Guy Boniface ne veut pas s'excuser. Le capitaine fait mine d'ignorer le silence du cadet des Boni. Tenez-vous bien, la délégation française a quitté le poste au milieu des applaudissements et d'une haie d'honneur des *bobbies*. »

Sans qu'il y ait eu de relation de cause à effet, ce match de Cardiff fut le dernier des frères Boniface, qui furent virés *ad vitam aeternam* de l'équipe de France.

Six ans plus tard, le pilier des All Blacks Keith Murdoch fut moins heureux que nos Français. Dans la nuit qui suivit la victoire des Blacks, Murdoch eut une petite faim et soif dans la nuit. Il descendit directement aux cuisines de l'*Angel Hotel* et molesta le veilleur de nuit pour accéder aux frigos. Arrêté par les flics, il fut viré de la délégation néo-zélandaise et prié de rentrer au pays par le premier avion. Mais il n'alla jamais plus en Nouvelle-Zélande. Il descendit à Sydney et passa le reste de sa vie dans le bush australien. Il refusa dès lors tout contact avec son pays ou avec ses anciens coéquipiers, estimant qu'ils ne l'avaient pas défendu et qu'ils l'avaient laissé tomber. Triste fin.

22
ET LE LION MOURUT...

Dans des pays comme l'Afrique du Sud ou l'Australie, le danger rôde partout. On ne parle pas des villes ou des rues. Il n'est pas besoin d'aller dans ces pays lointains pour être en danger. Nous sommes malheureusement bien exposés en Europe, où le grand banditisme et les malfrats ont droit de cité. Concernant l'Afrique du Sud et l'Australie, nous parlons de la campagne, du bush, où l'homme est confronté à la sauvagerie de la nature ou aux conséquences de l'isolement d'une ferme. Nous avons connu plusieurs joueurs de rugby, fermiers de leur état, exploitant des domaines à deux ou trois cents kilomètres de la ville la plus proche.

Notamment Henry Honiball, l'ancien ouvreur ou centre des Springboks dans les années quatre-vingt-dix, surnommé *Lem* en afrikaans, c'est-à-dire

« la lame », tellement il découpait en défense tout ce qui se présentait. Après des études d'agriculture à Bloemfontein dans l'Orange Free State, à quatre cents kilomètres au sud-ouest de Johannesburg, il décida de s'installer comme fermier à Bergville, au milieu de nulle part, à deux cent cinquante kilomètres au nord-ouest de Durban. Cinq cents kilomètres pour aller jouer avec le Natal puis les Sharks, plus les déplacements. Ce fut plus compliqué le jour où sa femme dut accoucher en urgence. Pas question de partir pour Durban. Honiball avait l'habitude d'aider les vaches à vêler et les brebis à agneler. Le bébé se présentait mal. Il dut seconder le médecin pour faire une césarienne. Comment ils ont ouvert et comment ils ont recousu ? Honiball, qui m'a raconté lui-même l'histoire, ne m'a pas donné les détails.

L'ancien troisième-ligne et capitaine de l'Australie des années quatre-vingt, Simon Poidevin naquit dans la ville de Goulburn, à deux cents kilomètres au sud-ouest de Sydney et à une centaine de Canberra. La ferme de quatre cents hectares longe le Kosciuszko National Park, appelé ainsi en hommage à Tadeusz Kosciuszko, le héros de la Pologne et de la guerre d'Indépendance des États-Unis, frère de Jozef à l'origine de la lignée de la famille Kosciusko-Morizet. La nature est dangereuse en raison de la présence de bêtes sauvages, depuis la plus petite araignée. Mais le jeune Poidevin n'a peur de rien. Il escalade les grands arbres. Il prend quelques ruades des chevaux qu'il essaie de monter. Il tombe du tracteur et se fait mordre par les chiens de troupeau. Ce qu'il aime par-dessus tout, c'est parcourir la propriété avec sa carabine à plomb. Un jour, il tire sur ce qu'il croit être une grenouille. Il plonge sa main dans l'eau et qu'est-ce qu'il en ressort ? Un serpent tigre, un des serpents les plus venimeux.

David Pocock, qui succéda beaucoup plus tard à Simon Poidevin en équipe d'Australie de 2008 à 2019, connut une enfance et une adolescence encore plus dangereuse. Ses parents exploitaient une ferme au Zimbabwe. Là, le danger ne venait pas du bush et des animaux sauvages. Mais de l'homme. Des hordes sauvages attaquaient les fermes des Blancs avec la bénédiction du président Robert Mugabe. Les confiscations étaient nombreuses. Entre 1994 et 2019, il y eut soixante-dix mille morts chez les Blancs, principalement parmi les fermiers. Plus de quatre mille fermiers ont tout abandonné et sont partis en Australie. « Nous dormions avec les fusils sous le lit. Très tôt j'ai appris à me servir d'une arme. Ce n'était plus tenable. Nous sommes partis à Perth. »

Savoir se servir d'une arme, c'est la moindre des choses lorsque l'on habite dans le bush et qu'il faut pouvoir se défendre pour protéger sa famille, ses biens. Il faut se préparer au pire. Andy McDonald, un soir, fut confronté au pire. Ce pilier des Springboks (5 sélections en 1965) possède une ferme dans la Rhodésie du Nord, qui deviendra plus tard la Zambie. Ce qui ne manquera pas de lui poser quelques problèmes avec les politiques, puisqu'il représentait l'Afrique du Sud, le pays de l'apartheid, en portant le maillot des Springboks. Et il jouait en Rhodésie du sud, devenue après l'indépendance le Zimbabwe. Donc, pour jouer le week-end, MacDonald devait faire six cents kilomètres. Pas en avion, mais en voiture. Pas vraiment confortable sur des pistes et des routes défoncées. Surtout après un match d'où vous sortez quelque peu mâché.

Ce soir-là, il entend du bruit et de l'agitation autour de la ferme. Il comprend très vite le danger. Un lion, plus exactement une lionne, rôde autour de la ferme pour s'attaquer au bétail. Avec son contremaître et son fusil, il sort. Il tire plusieurs fois. Il lui semble avoir touché la lionne, qui s'échappe au milieu des arbres et des hautes herbes. Il voit des traces de sang par terre, qu'il suit. L'animal doit être sévèrement touché. Il l'aperçoit. Trop tard. Il tire au jugé, mais la lionne lui saute dessus. Elle lui arrache un morceau d'oreille et essaie de prendre sa tête dans sa gueule. Le fusil est hors d'usage. Pendant que le contremaître est parti chercher du secours, McDonald est pris dans un corps-à-corps. Il cherche à immobiliser les mâchoires du fauve. Avec les crocs et les griffes, la lionne lui déchire les mains mais n'arrive pas à le tuer. Blessée, elle s'est vite vidée de son sang. Elle fuit le combat pour mourir. Les secours ne sont pas arrivés. McDonald, en sang, exténué, méconnaissable, un doigt en moins, mordu en plusieurs endroits, labouré par les coups de griffe, réussit à rentrer à la ferme. Pas dans un bel état, mais en vie. La chirurgie lui refera une oreille et on lui posera 480 points de suture.

À la suite de ce combat, Andy McDonald quitta la Zambie pour s'établir au Zimbabwe. Au milieu des années 1980, il fut moins chanceux. On les retrouva, lui et son épouse, tous deux assassinés dans leur voiture. Face aux bandes armées protégées par le pouvoir, le combat était inégal. La lionne, elle, était plus loyale dans l'affrontement.

23

REBELOTE À SPRINGS

Depuis le match nul concédé contre la France (0-0), à Colombes, en 1961, l'Afrique du Sud n'avait pas baissé la garde. Douze matches en Afrique du Sud, deux défaites contre l'Australie pour quatre victoires lors de la tournée des Australiens, trois victoires et un match nul contre les Lions, victoire sur l'Irlande et le pays de Galles, les Springboks étaient les rois du monde. Ils restaient en effet sur une victoire finale dans la série des tests contre la Nouvelle-Zélande en 1960. C'est dans ce contexte que les Français débarquent en Afrique du Sud, en 1964, pour une tournée de cinq matches, dont un test. Trois ans après la triste tournée en Nouvelle-Zélande, le rugby français a dépêché cette fois à sa tête deux seigneurs. Tout d'abord Serge Saulnier, qui avait dirigé la tournée triomphale de 1958, ici même en Afrique du Sud, et Jean Prat, le capitaine emblématique de Lourdes et de l'équipe de France, intronisé pour la première fois entraîneur d'une équipe de France. Prat, recordman des sélections (51), baptisé « Monsieur Rugby » par les Britanniques. « Tous les deux ont su diriger la tournée de façon intelligente, se souvient Jean Gachassin. À chacun son domaine. L'intendance pour Saulnier, le sportif pour Prat. Et il y avait un tel respect de la part des joueurs pour ces messieurs que ça ne pouvait que fonctionner. »

Ce qui signifiait ne pas tricher. Saulnier n'admettait pas le moindre écart. Le soir du premier match contre la Rhodésie, remporté aisément (34-11), quelques-uns avaient voulu sortir. « Vous n'êtes pas là en vacances, les a prévenus Serge Saulnier. Mais pour jouer au rugby. Autrement vous rentrez à la maison. » Il n'eut pas besoin de le répéter. Ce premier match fut fondateur pour le reste de la tournée. « Vous voyez, si vous jouez votre propre jeu, vous ne craignez personne », leur dit Jean Prat. À Salisbury, les arrières français avaient mis le feu aux quatre coins du terrain. Prat avait une très forte emprise sur les joueurs. Même si parfois son langage fleuri, ponctué de qualificatifs désobligeants, a pu heurter certains. André

Herrero, par exemple : « Au deuxième entraînement je lui ai dit qu'il ne fallait pas me parler comme ça. “Alors, m'a-t-il répondu, il faut que je t'appelle monsieur” ? » Mais Prat pouvait leur demander n'importe quoi.

Arrivés en Afrique du Sud, ce fut la découverte de l'apartheid. Un choc pour l'ensemble des joueurs, qui n'avaient pas vraiment conscience de cette politique. « Un officiel nous avait accueillis en ces termes, se souvient Christian Darrouy : “Ici, vous pouvez tout faire, vous pouvez tuer, voler, violer. Mais surtout vous ne devez pas coucher avec une Noire, car, là, on ne pourra rien faire pour vous.” » Bienvenue en Afrique du Sud. En attendant de retrouver les Springboks qui ruminaient leur revanche depuis six ans. « Des Springboks qui n'étaient pas les bourrins que l'on décrivait, note Gachassin. C'étaient des monstres qui couraient vite. Ils ne faisaient pas que rentrer dedans. Ils jouaient avec des passes au cordeau, avec des soutiens, toujours en mouvement, en s'appuyant sur une grande technique. Ce n'était pas le cirque Pinder. »

C'est un peu ce qui surprit les Français dans l'arène de Springs, ville de soixante-dix mille habitants à l'est de Johannesburg. De l'avis des avants français, ce ne fut pas violent. « Viril, jamais dangereux », souligne André Herrero, qui avait manqué la tournée en Nouvelle-Zélande à cause d'une jambe cassée, mal calcifiée et cassée de nouveau pour une nouvelle opération. « Cependant ce fut chaud sur le coup d'envoi, poursuit-il. Le ballon m'est arrivé dessus. Je l'ai pris. Quatre gars me sont passés dessus. Je me suis baissé le plus possible, en position du fœtus. Ce rugby primaire nous convenait. Nous n'étions pas inquiets. Le combat a toujours été à l'équilibre. En fait, je crois que c'est cet esprit de revanche qui leur a lié les pattes. »

Après l'essai de Darrouy, qui s'est claqué sur l'action mais qui est resté sur le terrain, les Springboks ont un peu oublié de jouer. Par deux fois, ils eurent le décalage et le deux-contre-un sur l'aile de Darrouy. Les deux fois, Darrouy s'arrangea pour faire tomber le ballon et pour intercepter. Mais ils n'insistèrent pas. « Ensuite, avec des gladiateurs comme Crauste, Herrero, Dauga et Walter Spanghero, il ne peut rien t'arriver, affirme Gachassin. Crauste, il rabotait tout ce qui passait à portée. À Lourdes au premier entraînement de la semaine, on lui demandait de nous montrer son bras. S'il était bleu-noir, et donc qu'il avait fait quelques manchettes – prohibées mais tolérées – il avait fait un bon match. »

Dans ce match équilibré, où les centres Capdouze et Piqué furent intraitables en défense, les Springboks eurent sur la fin le match nul au bout de la tentative de transformation d'un essai en bonne position.

Pierre Albaladéjo raconte la fin : « Je m'apprête à faire le coup de pied de renvoi en drop. Crauste croit que la transformation est passée : "Pourquoi tu ne poses pas mon ballon ?" Mais elle n'est pas passée. "Alors on a gagné !" » Oui, 8-6.

Albaladéjo eut encore un but à taper. Et dans les derniers instants, Gachassin sauva un essai d'Engelbrecht, en poussant un ballon délibérément en touche. Soit un en-avant volontaire passible d'une pénalité. Mais en 1964, il n'y avait pas de vidéo.

Il restait encore six jours avant de rentrer en France. « Et si on leur proposait un match de bienfaisance ? » lancent Albaladéjo et quelques autres. Serge Saulnier est d'accord. Les Sud-Africains sont ravis. Et montent un sixième match contre le Transvaal, qui ressemble à une revanche. « On avait décidé de demander à leurs dirigeants si l'on pouvait faire jouer un quart d'heure Jean Prat, qui avait 40 ans et qui avait arrêté depuis quatre ans. Ainsi nous aurions tous eu la chance d'avoir joué une fois avec “Monsieur Rugby”. Mais quand on a vu le contexte et la composition de leur équipe, on n’a pas insisté. » Sans Jean Prat, la France a exécuté le Transvaal (21-9).

24

EN VERT ET CONTRE TOUS

C'est bien connu, les Irlandais ont toujours eu le sang chaud. Bouillant même. Peut-être parce que certains lointains descendants des rescapés de l'Invincible Armada de Philippe II d'Espagne ayant fait souche en Irlande ont encore du sang espagnol. Probablement parce qu'ils n'ont pas oublié que certains furent obligés au milieu du XIXe siècle de quitter leur famille pour fuir la famine et de partir vers les États-Unis comme les Kennedy, Reagan, Ford, Kelly, Eastwood, Costner, De Niro. Surtout parce qu'ils vécurent très mal pendant longtemps la domination humiliante de l'Empire britannique. L'affaire dura jusqu'en 2005, date à laquelle l'IRA, l'Armée républicaine irlandaise, déposa définitivement les armes. Il y eut des milliers de morts. Et le rugby irlandais ne fut pas épargné dans cette lutte, sachant que les citoyens britanniques de l'Irlande du Nord jouaient et jouent toujours avec l'équipe nationale de la République d'Irlande. C'est ainsi que Nigel Carr, Dale Irwin et Philip Rainey échappèrent de peu à un attentat, même s'ils n'étaient pas visés. Alors qu'ils se rendaient de Belfast à Dublin pour préparer la première Coupe du monde, en 1987, ils se trouvèrent ce jour-là au mauvais moment et au mauvais endroit, quand l'IRA fit sauter la voiture du juge Sir Maurice Gibson à la frontière de la République d'Irlande et de l'Irlande du Nord.

Sur les terrains de rugby, au sein de l'équipe d'Irlande, il n'y avait qu'un peuple, l'Irlande. Si les joueurs du Nord, comme Willie John McBride, Mike Gibson ou Ken Kennedy, ne chantaient pas l'hymne irlandais, *Amhran na bhFiann*, le « chant du soldat » en gaélique, ils étaient prêts à se faire démonter sur le terrain. Quand, en 1966 en Nouvelle-Zélande, l'Écossais Mike Campbell-Lamerton, capitaine des Lions et de l'Irlande, colonel dans l'armée qui servit en Irlande du Nord, demanda à ses coéquipiers de gagner pour la reine, il y eut comme un gros malaise dans les rangs irlandais.

En tous cas, les Irlandais restent des combattants hors pair sur le terrain et des chiens fous en dehors. En des temps plus reculés, il leur arrivait même de se taper dessus entre eux. Une fois, à Charléty, à l'entraînement avant France-Irlande, le capitaine Willie John McBride dut interrompre la séance de mêlées, les deux premières lignes en étant arrivées aux mains. Il est vrai que le Dr Kennedy, gynécologue de formation, était un talonneur de tranchées et ne bichonnait pas ses adversaires comme ses patientes.

Ce qui était également formidable, c'était leur rapport au rugby. Tout comme d'ailleurs en hurling ou en football gaélique. Du moins chez les amateurs. Pour eux, le rugby n'était qu'un prétexte pour s'amuser après le match. Et même avant. Ce qui m'avait amené avec mon ami Jean Cormier, du *Parisien libéré*, à l'invitation de Ken Kennedy, à partager une soirée d'avant-match dans le pub de l'ancien pilier Sean Lynch, *The Swan*, à Dublin. Il y avait là plein d'anciennes gloires et il flottait comme un parfum de bagarre. « On se croirait dans un film de John Ford », me glissa Cormier. Il ne s'était pas trompé. Kennedy nous exfiltra rapidement et on apprit le lendemain qu'il y avait eu du sang dans la prairie, comme on dit dans les westerns. Une affaire de politique.

Avec Fergus Slattery et Willie Duggan, il fallait faire gaffe. Sur le terrain, c'étaient de sacrés guerriers. En 1977, à Cardiff, lors de Galles-Irlande, Duggan était rentré dans l'histoire du Tournoi des Cinq Nations. Avec le deuxième-ligne gallois Geoff

Wheel, ils étaient devenus les premiers joueurs à être expulsés. En dehors du terrain, ils pouvaient vous surprendre à tout moment. Pour une interview avec Duggan, vous pouviez passer tout l'après-midi dans un pub. Je l'ai vécu. Il fallait être vaillant au gorgeon. Et à la mi-temps d'un match avec son club de Blackrock College, il se dirigeait aussitôt vers la main courante pour taper une cigarette à un spectateur.

Mais attention aux deux loulous quand ils étaient en vadrouille. Un jeudi, avant le France-Irlande de 1982, on eut la bonne idée, avec Cormier, d'aller les chercher à l'hôtel pour boire un coup. Un ou deux pour moi. Cormier les accompagna un peu plus longtemps. Puis les laissa dans la nuit parisienne à Saint-Germain-des-Prés. Les verres tombant joyeusement, les deux troisième-ligne se trouvèrent à un certain moment en dessous du niveau de flottaison. Il fallut regagner l'hôtel. Ils n'étaient pas loin. Mais comme ils étaient sérieusement éméchés et qu'ils ne connaissaient pas Paris, ils demandèrent à un taxi de les transporter. Est-ce que le taxi refusa parce qu'ils étaient trop bourrés, qu'ils étaient trop près de l'hôtel et que la course ne valait pas le coup ? Toujours est-il que l'affaire s'envenima. Échange de gros mots en français et en anglais, d'où incompatibilité de langage et d'humeur. Rebuffades, bousculades.

Duggan employa la manière forte, le chauffeur de taxi appela à l'aide ses collègues. Bagarre, arrivée de Police Secours, voilà nos deux Irlandais embarqués dans le panier à salade. Prévenu, Ken Kennedy appelle Jean Cormier, qui appelle quelque ami bien placé. Intervention en haut lieu. Affaire classée.

Le lendemain matin, à Jean-Bouin, à l'entraînement du capitaine, Slattery et Duggan sont bien là. Sur la première mêlée ouverte, Duggan se relève difficilement et se tient la main. Mick Molloy, l'ancien deuxième-ligne, médecin de l'équipe, lui manipule la main. Pouce cassé. Pas de chance. En fait ce n'était pas un crampon irlandais qui avait fracassé la main de Duggan, mais la manivelle d'un chauffeur de taxi de Saint-Germain-des-Prés, le seizième homme du XV de France cette année-là. Grâce à sa victoire sur l'Irlande (22-9), vainqueur du Tournoi, il évita la cuillère de bois. Ainsi tout le monde était content.

25

DARROUY, CAPITAINE ABANDONNÉ

Michel Crauste vient de passer la main à la suite de son dernier match contre l'Italie en 1966 à Naples (victoire 21-0). C'est Christian Darrouy qui a été choisi pour devenir le capitaine de l'équipe de France. « L'Éliacin à réaction », comme l'a surnommé Antoine Blondin, est une merveille de bonhomme. Gentil, décontracté au possible, toujours de bonne humeur, rapide comme l'éclair. Un magnifique athlète, qui vaut 6"38 au 60 mètres et saute 3,60 m à la perche, quand le record de France de Victor Sillon est à 4,20 m. Régulièrement prix d'Excellence jusqu'en 3e, chasseur invétéré dès le plus jeune âge, lauréat du concours régional du Jeune Footballeur devant Guy Calleja, futur demi et capitaine des

Girondins de Bordeaux, il aurait voulu jouer au football aux Girondins. Mais Bordeaux, c'était trop loin de son village de Pouydesseaux. Et il n'aurait pas pu chasser. Même s'il y avait une bonne équipe de foot à Mont-de-Marsan, d'où était sorti Jacques Foix, ailier international de Saint-Étienne, il alla, presque à contrecœur, au rugby. Et pourtant, le rugby à Mont-de-Marsan, c'était le top. « Très sincèrement, si je n'avais pas joué avec les Boniface, je crois que j'aurais arrêté très vite, dit-il. Avec eux je touchais le ballon. Un jeu de balle, c'est fait pour s'amuser avec le ballon, non ? Quand je voyais le nombre d'ailiers qui ne touchaient aucun ballon... Et quand je voyais les joueurs de la première ligne de Bègles (en 1991) rentrer sur le terrain comme des fous et balancer le ballon par terre volontairement, ça me faisait hurler. Bon sang, c'est déjà assez difficile de le gagner, le ballon. C'est tellement bon de le tenir, de le cajoler, de l'emmener dans l'en-but. »

Quatre mois plus tard, il est sélectionné en équipe de France pour jouer en Irlande (défaite, 11-6). C'est le proviseur lui-même qui vient lui annoncer la nouvelle en plein cours de philosophie. Avec le prof de philo, il y avait de la friture. « Un jour, il m'avait mis une mauvaise note parce qu'à sa question "parlez-moi de la métaphysique", je lui avais répondu : "du moment qu'on a la santé…" "Tu es un con", me rétorqua-t-il. Je l'ai revu plus tard. Au sortir d'un match, il est venu vers moi, m'a demandé si je le reconnaissais, et il m'a dit : "Tu avais raison." »

Christian Darrouy avait la santé. Hormis une pneumonie qui l'avait obligé à redoubler sa première, il était rarement blessé. Peut-être quelques faiblesses musculaires. Mais sur le terrain, un nez comme ses chiens de chasse, un don pour flairer les bons coups et une terrible pointe de vitesse.

Parmi les vingt-trois essais qu'il marqua, un a retenu l'attention de tout le monde. Plus exactement de ses coéquipiers avec lesquels il battit les Springboks, chez eux, à Springs en 1964 (8-6). Les « bestiaux de Crauste », comme les avait appelés Denis Lalanne, parmi lesquels le jeune Walter Spanghero, 20 ans, entamait une glorieuse carrière. Crauste explose Gainsford au plaquage, Dauga cueille le ballon, adresse une longue passe à son pote de Mont-de-Marsan. Un sprint de cinquante mètres, un plongeon pour l'essai et un claquage qui ne l'empêche pas de rester sur le terrain et de pourrir au moins deux ou trois décalages en bout de ligne des Springboks.

En regardant la carrière de Christian Darrouy, on a l'impression que tout lui a souri. Il a réussi tout ce qu'il a entrepris sur un terrain. « Peut-être parce que je n'aime pas brusquer les choses, me battre avec la vie, alors qu'il est si bon de se laisser aller. Je pose sur la vie un éternel sourire. Parce que la vie, après tout, ce n'est pas si toc que ça. »

Mais il peut arriver que parfois elle vous réserve quelque sale coup. Comme celui que notre confrère du *Parisien libéré* Georges Duthen, ancien trois-quart centre de la Section Paloise, avait appelé, en 1967, « l'affaire du parc des serpents ». Son équipe de France, celle qu'il commandait, qui avait remporté le Tournoi, venait de perdre les deux premiers tests en Afrique du Sud (26-3 et 16-3). Ce jeudi, avant le troisième test de Johannesburg, les joueurs avaient pris place dans le bus pour aller visiter le *Snakes Park*, le parc aux serpents. Marcel Batigne, président de la Fédération française de rugby, venait d'annoncer l'équipe pour le test. Darrouy était viré au profit du Montalbanais Jacques Londios, le deuxième-ligne d'Agen Jacques Fort devenant pilier droit et capitaine. Londios était ailier de Montauban, champion de France deux mois plus tôt contre Bègles, dont l'homme de terrain du XV de France, André Garrigue, était un des dirigeants. Darrouy avait senti venir le coup. Son ami Benoît Dauga avait surpris une conversation entre Batigne et Garrigue : « Darrouy ne défend pas, c'est une passoire en défense. » « En quarante matches avec l'équipe de France, soupire Darrouy, un seul m'a passé d'homme à homme, le Gallois Stuart Watkins. »

Il y avait comme un malaise, vite dissipé par l'ensemble des joueurs, qui entonnèrent alors dans le bus « Les Jolies Colonies de vacances » de Pierre Perret, un Montalbanais comme Garrigue et Londios. Marcel Batigne se rendit bien compte que l'ambiance était pesante. Un joueur était même sur le point d'être renvoyé en France. Le reste de l'équipe déclara qu'elle partirait aussi si celui-ci était renvoyé. Bel esprit de camaraderie. « S'il y en a qui ne sont pas contents, qu'ils le disent et qu'ils partent. »

Dauga lève le doigt : « Et Darrouy ? Pourquoi n'est-il pas dans l'équipe ? » Batigne : « Il nous a dit qu'il ne se sentait pas en bonne condition. C'est dans l'intérêt de l'équipe que l'on a jugé bon de le remplacer. »

La version de Darrouy est quelque peu différente. « La veille, Garrigue est venu dans ma chambre et m'a demandé en ma qualité de capitaine quelle équipe je voyais. Comme Benoît m'avait parfumé, je suis allé au-devant de ses désirs : "Il faut mettre Duprat et Londios aux ailes. – Mais toi, tu ne joues pas ? – Je suis claqué. – Bon, je te remercie de ta franchise" », lui répondit Garrigue, soulagé que le capitaine ne se soit pas sélectionné. Tout le monde savait que Darrouy n'était pas claqué.

La France remporta ce troisième test (19-14) et Darrouy revint comme capitaine pour le match nul du quatrième test au Cap (6-6).

26

AU THÉÂTRE DE MAYOL

Toulon, c'est le club où il se passe toujours quelque chose. À Toulon, tout est amplifié, exagéré. Lorsque l'on allait jouer pour la première fois à Toulon, on était prévenu. Si on avait gagné chez soi au match aller, il fallait s'attendre au pire. Avec Bègles, au début des années soixante-dix, nous étions allés à Mayol, habillés en kilt. On n'avait pas osé en tenue de marin, ce qui avait été la première idée de notre capitaine Daniel Dubois. Au cas où on les aurait mis en colère. Le match s'était bien passé. Il y avait Christian Carrère, Aldo Gruarin, Jacky Ordioni, Gilles Delaigue, ainsi que les deux intellectuels, l'ingénieur Alain Guilbert et le professeur d'université Pierre Broche, en deuxième ligne. À Toulon, on aime mélanger les genres. Comme du temps de Félix Mayol, le roi du music-hall, l'auteur de « Viens poupoule », qui finança une grande partie du stade de Toulon, sur la rade.

Il y eut toujours des personnages hors du commun, à Toulon. Des personnages qui détonaient sur et en dehors du terrain. Par leur attitude, leur virilité, leur bonhomie, leur fierté, leur accent, leurs délires verbaux. Ainsi la famille Herrero qui est au rugby toulonnais ce que les Spanghero sont à Narbonne. Le chef, André, mettait tout le monde au garde à vous, il ne reculait jamais. Gare à celui qui le cherchait ! Daniel fascinait tout le monde par son verbe et Bernard, le talonneur, relevait tout ce qui pouvait toucher à la fierté des Toulonnais. Suite à un huitième de finale aller perdu à Brive (12-0), nous avions titré à *L'Équipe* : « Toulon pas gaillard ! » Le jeu de mots avec Brive-la-Gaillarde s'imposait. Bernard n'avait pas apprécié et me l'avait fait savoir quand je m'étais présenté pour le match retour. « Oh ! tu te rends compte ! Que tu dises qu'on n'est pas bons, qu'on ne comprend rien au rugby, très bien. Mais qu'on n'est pas gaillards ? Tu déconnes. » Au retour, ce sont les Brivistes qui ne furent pas gaillards (43-3). Au moins tous les Brivistes avaient fait le voyage, car on a connu pas mal de joueurs qui prétextaient un empêchement familial ou une blessure diplomatique pour ne pas disputer un match retour à Mayol.

« Le public de Mayol était demandeur des empoignades viriles, reconnaît Aldo Gruarin. Moi, ce n'était pas vraiment mon truc. Une fois, je me suis laissé aller. L'arbitre m'a dit : “Normalement je devrais te sortir. Mais je te connais, ce n'est pas ta vraie nature. Alors je passe l'éponge.” Il n'a même pas sifflé une pénalité. » Ce qui ne manque pas de faire sourire Jean Carrère, troisième-ligne catalan, héros de la tournée de 1958 en Afrique du Sud, passé à Toulon comme professeur d'EPS : « Un jour, nous recevons Dax. À un moment, je déborde sur l'aile. Un pilier dacquois, Berilhe ou Lasserre, je ne sais pas lequel, me plaque à retardement contre la talanquère. Des spectateurs l'ont agrippé, l'ont fait passer de l'autre côté et lui ont tapé dessus avant de le renvoyer sur le terrain. »

Il est vrai qu'entre Toulon et Dax les affrontements étaient souvent animés. Comme lors d'un match de phase finale à Narbonne, où ça tombait joyeusement. Gruarin, le premier, dut sortir pour se faire soigner. Puis ce fut au tour de Bérilhe. La troisième fois, l'arbitre ne sachant qui de Gruarin et de Bérilhe était le coupable, expulsa les deux. En revenant sur la touche, Bérilhe ne put s'empêcher de dire à Gruarin : « Quel con cet arbitre ! Il nous vire au moment où ça devenait intéressant. » Comme sur le terrain, ça ne rigolait pas non plus en ville. Dans les années soixante, Henri Laugier, talonneur et officier de police, finaliste avec le RCT contre Lourdes en 1948, planque sur la plage de Hyères. Un bandit lui tire dessus. Touché, il réussit à serrer le voleur. Le problème c'est qu'à l'hôpital on n'a pas pu lui enlever la balle. Trop près du cœur. « Tu te rends compte, dit-il plus tard à Henri Garcia de *L'Équipe*, moi, un talonneur, je n'ai pas pu extraire une balle. »

Comme quoi, malgré les rumeurs qui ont toujours couru, à Toulon, il n'y avait pas que des bandits et des souteneurs. Contrairement à certaines histoires faussement colportées, aucun joueur ne relevait les compteurs à « Chicago », le quartier chaud de la ville à côté de Mayol, qui a disparu au début des années quatre-vingt-dix.

En tous les cas ce n'est pas Chicago, ni l'appel du large, mais plutôt la sécurité de l'emploi qui amena Aldo Gruarin du TOEC vers Toulon, où l'on n'était pas regardant sur la ponctualité et la présence au travail. « La mécanique en atelier commençait à me fatiguer, explique "la Gruche". Je vais faire mes trois jours à Brest. Comme j'ai pissé un peu de sang, le médecin me fait passer une radio de l'intestin. Il veut me réformer. Moi, je ne veux pas. Réformé temporaire pour un an. Alors, le docteur Rocheteau, médecin du club et deuxième-ligne de Toulon, prépare un dossier de réforme. Et à l'armée, à Toulon, un supporter, inconditionnel du RCT, met le dossier en bas de la pile. "C'est trop grave, Aldo. Tu es réformé définitivement." »

Vu la santé qu'il avait, Gruarin s'est toujours demandé ce qu'il avait. Et voilà comment il a joué son premier match avec le RCT contre la Seyne. Et comment, ce jour-là, l'entraîneur lui a demandé de quitter son poste de troisième-ligne et de monter en pilier, car la mêlée prenait l'eau. Et on lui a même trouvé un boulot chez un dirigeant, qui lui demandait surtout de ne pas se fatiguer au travail pour jouer le dimanche. « Ça me convenait », conclut l'intéressé.

Pour raison de service militaire, Pierre Danos, le futur stratège de Béziers, passa aussi à Toulon. La planque totale. Danos est nommé chauffeur de l'amiral Pierre Lahilonne, qui aime passer en revue les joueurs dans le vestiaire avant les matches. Un jour, le talonneur Perez n'avait pas fini de s'habiller et avait encore aux pieds ses souliers de ville. Sur un ton péremptoire, il lui ordonne : « Je t'interdis de jouer avec ces chaussures ! »

En fait, Danos ne conduisait jamais. Il s'entraînait et il jouait. Il était dispensé de toutes les corvées. Vous ne voyez pas qu'il se blesse avec un balai ou en astiquant une voiture ! Imaginez le courroux de l'amiral ? Un matin, l'amiral tombe sur lui : « Puisque tu es là, amène-moi en ville. » Gêne de Danos : « Mais, mon amiral, je n'ai pas le permis. – Ce n'est pas grave. Monte, c'est moi qui conduirai. »

Le plus drôle, c'est que Danos était tellement bien dans la Marine qu'il manqua la date de la démobilisation. Et comme il ne s'était pas présenté, il risquait la prison. Jusqu'à ce que l'amiral intervienne.

27

LE MUR DE L'APARTHEID SE FISSURA

À la lumière des tournées et de la Coupe du monde, il est certain que l'Afrique du Sud a pesé dans l'histoire du rugby. Par voie de conséquence, plus que tous les autres sports, le rugby a influencé grandement l'évolution politique et sociologique du pays. À l'intérieur, les politiques tenaient le pays d'une main de fer et appliquaient stricto sensu l'apartheid. De l'extérieur, il n'était pas évident de s'opposer à cette politique de discrimination raciale. Restaient l'opposition non violente et le boycott de l'Afrique du Sud à tous les niveaux. Les sports olympiques, le cricket, le tennis, le football, qui était le sport de prédilection des Noirs, le gouvernement s'en moquait. Mais le rugby, sport des Afrikaners, il fallait le protéger et maintenir à tout prix les contacts internationaux.

Du côté sud-africain, l'ancien capitaine des Springboks Danie Craven milita toujours pour cette politique et multiplia les tentatives d'intégration des Noirs dans le rugby. Il savait que, tôt ou tard, son pays devrait se réconcilier. Il savait que le rugby pouvait être un outil de rassemblement des races. Avec Albert Ferrasse, le président de la Fédération française de rugby, et le capitaine des Springboks Morné Du Plessis, aux idées très progressistes, il avait deux alliés de poids.

Avec le Royaume-Uni, ça allait tant bien que mal. Avec l'Australie, c'était très tendu. Avec la Nouvelle-Zélande aussi. Mais, à l'époque, les Néo-Zélandais n'avaient jamais gagné une série de tests en Afrique du Sud. Et cela, c'était une tache dans le palmarès des All Blacks, qui, eux, avaient été battus chez eux par ces Springboks. La tournée de 1967 a été annulée et remplacée par une autre au Royaume-Uni et en France. Une autre encore a été programmée de nouveau en 1970. Les All Blacks ont une équipe de fer. Ils pensent qu'ils peuvent enfin remporter la série de tests. Et les Sud-Africains sont prêts à faire de larges concessions afin qu'ils acceptent de venir chez eux.

En Afrique du Sud, le Premier ministre Hendrik Verwoerd, un pur et dur, a été assassiné en 1966. L'année suivante, son successeur John Vorster, plus libéral, accepte que la Nouvelle-Zélande vienne en Afrique du Sud avec des Non-Blancs, que l'on appellera *Honorary Whites*. Il fait voter des amendements à la Constitution afin que des Non-Blancs voyageant avec une équipe ou une représentation officielle puissent circuler avec les mêmes moyens et descendre dans les mêmes hôtels. La tournée a bien lieu en 1970 au grand dam des protestataires, d'une partie de la presse et de quelques politiques. Néanmoins il faut faire évacuer les manifestants de la piste d'envol de l'aéroport de Wellington pour que l'avion transportant l'équipe des All Blacks décolle vers l'Afrique du Sud. C'est très chaud. Les *Honorary Whites* qui ont accepté de partir sont jalousés et critiqués par des anciens joueurs maoris, qui n'ont jamais pu affronter les Springboks chez eux. D'un autre côté, des gens se réjouissent qu'ils puissent aller corriger les racistes blancs chez eux. Quant aux politiques, ils se sont dégonflés, comme d'habitude. Du reste, en 1981, quand ils accepteront que les Springboks viennent en Nouvelle-Zélande, ils déclareront que ce n'est pas à eux d'interdire la tournée mais à la fédération.

Ce qui attend les All Blacks en Afrique du Sud, c'est très chaud aussi. On ne parle pas du contexte politique. La voix de Nelson Mandela, emprisonné depuis 1964, ne porte pas encore. Le programme est démentiel. Vingt matches de province qu'ils vont tous gagner et une victoire (9-8) contre trois défaites (17-6, 14-3, 20-17) en quatre tests, arbitrés par des Sud-Africains pas toujours d'une grande probité.

Les Maoris Sid Going, Blair Furlong, Buff Milner et le Samoan « Bee Gee » (Brian George) Williams sont les *Honorary Whites*. En ce qui concerne Going et Williams, ils ne sont pas là pour faire de la figuration. Ou pour faire le nombre, si vous préférez. Williams, 20 ans, va être le héros de la tournée, additionnant les essais et les buts. À Port Elizabeth, lors du troisième test gagné par les Springboks (14-3), des supporters néo-zélandais venus en bateau depuis la Nouvelle-Zélande ont bravé les interdits. Ils ont dégoté une charrette qu'ils ont installée à l'extérieur du stade, en haut de la tribune qui surplombe le Boet Erasmus, le terrain étant en contrebas. Ils ont déployé une banderole : « Ici commence le pays de la liberté ! » Ce qui est étonnant, c'est qu'on leur ait laissé la liberté d'exhiber cette banderole.

Deux semaines plus tard, à Johannesburg, malgré Williams, l'Afrique du Sud s'impose (20-17). Une nouvelle fois, les All Blacks ne gagnent pas la série. Ils attendront 1996 pour réaliser l'exploit.

Le soir, à la réception ponctuée par un bal, notre ami Henri Garcia de *L'Équipe* est en grande conversation avec Johan Claassen, ancien deuxième-ligne et capitaine des Springboks, personnalité éminente du sport sud-africain, prédicateur reconnu et apprécié. Les musiciens attaquent, la piste de danse se remplit. Et tout à coup qui arrive ? Bee Gee Williams au bras d'une superbe blonde suédoise et qui entre dans la danse. « Claassen a subitement arrêté de parler, m'a prié de l'excuser et s'est éclipsé », raconte Henri Garcia. Tous les regards des vieux croûtons et des vieilles rombières fusillaient Williams parti dans une danse endiablée avec son avion à réaction. Pas jaloux les Afrikaners, mais stupéfaits par le *Honorary White*.

Avant leur départ d'Afrique du Sud, un éditorialiste de langue anglaise n'hésita pas écrire dans son journal : « Merci à vous les All Blacks. En venant ici, vous avez permis de tailler une brèche dans le mur de granit de l'apartheid. » Il fallait oser l'écrire.

Bee Gee Williams et Sid Going reviendront en Afrique du Sud, en 1976, à la grande colère de l'opinion politique néo-zélandaise. Une fois encore les All Blacks seront battus dans la série de tests.

28

FLOWER OF SCOTLAND

Tradition oblige, avant chaque match international, on joue et on chante l'hymne national de l'équipe qui se déplace puis celui de l'équipe qui reçoit.

Dans le Tournoi des Cinq Nations, on joue donc le *God Save the Queen* (ou *King*) en l'honneur de l'Angleterre, le *Land of My Fathers* pour le pays de Galles, *La Marseillaise* pour la France. Néanmoins pendant longtemps elle ne fut pas exécutée en Irlande au prétexte que c'était un chant révolutionnaire séditieux. À cette époque-là, en Irlande, on jouait uniquement le *Amhran na bhFiann*, autrement dit « le chant du soldat », hymne de la République d'Irlande, que les joueurs d'Irlande du Nord, citoyens du Royaume-Uni, ne chantaient pas. Et on ne jouait pas non plus le *God Save the Queen* (ou *King*) eu égard aux joueurs qui représentaient la République d'Irlande.

En rugby, il n'y a qu'une équipe représentative de l'Irlande, celle de la République d'Irlande, alors qu'en football, il y a une équipe d'Irlande et une équipe d'Irlande du Nord. En Coupe du monde de football, l'Irlande du Nord et l'Irlande perdirent plusieurs fois contre la France. Et en 1994, l'Irlande élimina même l'Irlande du Nord lors des matches de qualifications.

Plus tard, pour les matches de rugby, l'Irlande chercha un chant qui pourrait être repris en chœur après l'exécution du « Chant du soldat ». La fédération irlandaise rajouta un deuxième hymne complètement fabriqué, *Ireland Call,* chanté par tous les acteurs et tous les spectateurs. Enfin, depuis 2000 où l'on est passé au Tournoi des Six Nations, on joue le *Fratelli d'Italia* pour l'Italie.

Quant à l'Écosse, qui aurait pu dans le temps être rattachée à la France si sa souveraine Mary Stuart, également reine de France, n'avait pas été exécutée sur les ordres de la reine d'Angleterre Élisabeth Ire, elle n'avait pas d'hymne et devait jouer le *God Save the Queen*. Les Écossais faisaient certes partie du Royaume-Uni, mais cela n'empêchait pas quelques rancœurs à l'encontre des Anglais avec lesquels ils se frictionnèrent au Moyen Âge. Ils auraient bien aimé avoir leur propre hymne, pour bien marquer leur différence et leur attachement à leur pays. Encore faut-il avoir une musique, une chanson, une histoire qui justifie un autre hymne pour saluer les joueurs avant un match. Ou une légende, comme Walter Scott, Robert Louis Stevenson, James Watt, Graham Bell, Conan Doyle, Alexander Fleming, John Dunlop, Sean Connery, qui aurait écrit quelques paroles bien senties que l'on pourrait mettre en musique. Mais pas plus chez ces héros que dans les poèmes du poète national Robert Burns, les Écossais ne trouvèrent une idée.

Disons-le tout net, l'affaire ne remuait pas le pays. Il n'y avait aucune volonté politique de rentrer en conflit avec Londres. Et au niveau du rugby, les dirigeants de la fédération, les plus conservateurs de la planète, n'imaginaient pas de manquer de respect à la princesse Anne, présidente d'honneur de la Scottish Rugby Union. Pour faire évoluer les choses en Écosse, il fallait se lever de très bonne heure. Tenez, un petit exemple de la rigidité et du conservatisme de ses dirigeants. Un jour, le troisième-ligne Roger Arneil, qui venait de Londres en train, avait arrondi sa note de frais de 4,90 livres à 5 livres sans justificatif. John Law, le secrétaire, lui avait retenu 10 pences, qu'il n'avait pas justifiés. La fois suivante, il avait notifié 4,90 pour le train et 10 pences pour les toilettes à la gare. « Comme ça, c'est correct », avait dit Law.

La génération qui pointe le nez au milieu des années quatre-vingt est composée de personnages de qualité. Parmi eux, David Sole, le capitaine, Finlay Calder, qui sera le capitaine des Lions en 1989 en Australie, et John Jeffrey, le *White Shark* de Kelso. Tous les trois sont des hommes de la terre au caractère bien trempé. « Pendant le *God Save the Queen*, on ne chantait pas, raconte John Jeffrey. On remuait à peine les lèvres et en fait on chantait en même temps une ballade. » Jusqu'à ce que cette ballade soit chantée officiellement avec l'accord de la fédération, personne ne connaissait ce stratagème. En 1990, année du Grand Chelem de l'Écosse, le 1er février, la fédération accepta et les joueurs chantèrent le *Flower of Scotland*.

Cette ballade a été écrite et mise en musique, en 1967, par un certain Roy Williamson et son groupe The Corries, qui chantait en duo avec Ronnie Brown. Dans sa jeunesse, Williamson avait joué aux Edinburgh Wanderers.

La chanson se moque des Anglais. Elle est très vindicative et salue la victoire de Robert the Bruce sur le roi d'Angleterre Édouard II. Il s'agit d'une ode à ceux qui se sont battus contre « l'armée du fier Édouard et l'ont renvoyé chez lui pour réfléchir à nouveau », beaucoup d'entre eux y laissant la vie.

Les joueurs ont l'autorisation de la chanter à Murrayfield, avant la dernière levée du Grand Chelem contre l'Angleterre. De toute façon, la fédération savait que tôt ou tard il faudrait céder. Et la princesse Anne se mit à l'unisson du public.

« Le matin, le *Scotsman* a publié dans ses colonnes les paroles du *Flower of Scotland*, explique John Jeffrey. Des tracts avec les paroles ont été distribués à l'entrée du stade. Il faut rappeler aussi que la *Pool Tax* [impôt locatif par tête et non par foyer, qui ne tenait pas compte du capital des citoyens et qui impactait terriblement les bas revenus] avait été mise à l'essai par Margaret Thatcher, l'année précédente, en Écosse. Cela avait singulièrement remonté les Écossais. Lors du premier match du Tournoi, en Irlande, on avait chanté un couplet. Là, on a chanté deux couplets. La nouveauté, c'est qu'il n'y avait pas d'orchestre. Nous, les joueurs, nous avons été étonnés par la réaction unanime du public qui a repris en chœur et en mesure la ballade. Quant aux joueurs anglais, ils s'en foutaient. »

Ray Williamson n'a pas pour autant connu la gloire. Avant de mourir d'un cancer, quelques mois après la grande première de Murrayfield, il lui arriva une sale histoire. Au sortir d'un pub, à Édimbourg, il fut pris à partie. Il fut roué de coups par un voyou alcoolisé, qui lui chantait *Flower of Scotland* tout en le matraquant et en le frappant à coups de pied. Jeté en prison et connaissant alors l'identité de sa victime, le gars voulut s'excuser auprès de Williamson. Il n'eut jamais le temps.

L'année suivante, pour la demi-finale de la Coupe du monde contre l'Angleterre, à Murrayfield, l'entraîneur Jim Telfer chercha encore une source de motivation pour exacerber encore plus la rivalité entre les Écossais et les Anglais. Le matin du match, il donna rendez-vous à ses joueurs en short et en crampons autour du 18e trou du *golf course* de leur hôtel, le Dalmahoy. Là, surprise, les attendaient les joueurs écossais des Wanderers d'Edimbourg revêtus d'un maillot anglais. Telfer était chaud comme de la braise : « Vous allez leur rentrer dans la gueule à ces putains d'anglais. » Le troisième ligne John Jeffrey, visiblement gêné, intervînt : « On ne peut pas faire ça. Ce sont nos compatriotes, nos amis. » Silence et chœur des Wanderers : « Pas question. Vous allez vous faire la main sur nous. » En route pour une demi-heure de rentre-dedans sur le golf. Mais, l'après-midi, force resta à la puissance envahissante : l'Angleterre l'emporta péniblement 9-6.

29

UNE ARMÉE EN DÉROUTE

C'étaient des Français de l'armée en déroute, qui se traînaient sanglants sur le bord de la route et qui disaient : « À boire, à boire, par pitié. »

C'est le pastiche d'un poème de Victor Hugo que l'on peut reprendre pour résumer la tournée de l'équipe de France, en 1961, en Nouvelle-Zélande. En 1958, la première tournée en Afrique du Sud était rentrée dans l'histoire. Trois ans plus tard, au pays des All Blacks, pour la première fois, elle s'était terminée honteusement. Sur une défaite, 32-3, lors du troisième test de Christchurch. La France n'avait pas pris une telle raclée depuis 1931 et la défaite, 35-3, contre le pays de Galles à Swansea. Certes en 1940, en temps de guerre, la France fut battue au Parc des Princes (36-3) par la Grande-Brctagne ou la British Army (36-3), mais il ne s'agissait pas vraiment d'un match contre une nation, même s'il fut répertorié comme le centième match de l'équipe de France.

Pourtant, cette tournée de 1961 était attendue avec impatience. Tout d'abord par les Français qui voulaient s'étalonner après avoir gagné contre les Springboks, chez eux, en 1958, et fait match nul avec eux, à Colombes, en 1961. Et puis par les All Blacks qui voulaient se jauger face à ces Français qui avaient remporté la série de tests en Afrique du Sud, ce qu'ils n'avaient jamais réalisé.

« Le drame, raconte, un brin amer, le capitaine François Moncla, c'est que Serge Saulnier n'est pas venu comme directeur de tournée. En 1958, en Afrique du Sud, il avait beaucoup contribué au succès de la tournée. Là, nous étions accompagnés de deux ladres [Guy Basquet et Marcel Laurent], qui ne faisaient rien. Ils ne faisaient que jouer aux cartes. Ces dirigeants ne se comportaient pas comme des patrons. Nous étions livrés à nous-mêmes. Nous n'étions pas du tout préparés à une telle tournée. »

Pourtant, les résultats parlaient en faveur de cette équipe de France : vainqueur du Tournoi en 1959, 1960, 1961. Depuis la tournée triomphale en Afrique du Sud, elle avait disputé vingt matches, pour quatorze victoires, quatre matches nuls, et deux défaites contre l'Irlande et la Roumanie. À l'arrivée, trois défaites en test en Nouvelle-Zélande (13-6, 5-3 et 32-3), sept victoires sur les dix matches de province, deux victoires en Australie, dont le test (15-8).

« Mis à part le premier quart d'heure du premier test, où j'ai marqué deux drops d'entrée, raconte Pierre Albaladéjo, nous n'avons pas existé. Très vite l'ambiance est devenue pourrie. Nous avions honte de notre encadrement. Au point que Gilbert Meyer, le troisième-ligne de Périgueux, est allé voir Basquet pour lui demander ce qu'il faisait dans cette galère et pourquoi on l'avait pris. »

Les matches de province étaient rugueux. Surtout celui contre les Maoris, perdu 5-3. Le troisième-ligne centre Manu Maniapoto (1,95 m, 107 kg), qui n'était même pas all black, a fait vivre un enfer à André Boniface. Le titulaire chez les All Blacks Vic Yates était la hantise de tous les ouvreurs. « Rien qu'en me laçant les chaussures, se souvient Pierre Albaladéjo, j'avais l'impression qu'il était déjà dans mon dos. » Heureusement il y avait Michel Crauste pour tenir tête à ces monstres. « Mais il est resté plusieurs fois en observation, à l'hôpital, glisse André Boniface. Il revenait quand même à la charge. À Timaru, il y a une femme qui est même rentrée sur le terrain pour lui donner un coup de parapluie ! »

Des clans se sont formés : les pro-Boniface et les pro-Bouquet. Ce qui n'était pas fait pour arranger les choses et remonter le moral des troupes, au sein desquelles beaucoup avaient le mal du pays. « L'ambiance n'était pas terrible, se souvient le bizuth de l'époque, Serge Plantey. Moncla était esseulé. C'est dommage car il y avait de bons joueurs. André Boniface a été exceptionnel. Je ne l'ai jamais vu aussi fort. Il surpassait tous les Néo-Zélandais. »

L'aventure commença à partir en vrille. Bouquet en prit son parti et commença à vivre sa vie de son côté : « Ne comptez plus sur moi. » Il demanda même son billet de retour pour rentrer en France. « S'il y en a d'autres qui veulent rentrer, lâcha Guy Basquet lors d'un repas, qu'ils le disent. » Michel Vannier leva le bras. Finalement ils restèrent. Bouquet ne joua plus et Vannier disputa l'ultime test à Sydney. Ce fut son dernier match en équipe de France.

Heureusement, il y avait Amédée Domenech pour mettre l'ambiance. Après le premier test, un journal néo-zélandais avait demandé à son vis-à-vis Ian Clarke ce qu'il pensait de Domenech : « Je ne l'ai pas vu. » Les joueurs se promenaient avec l'article dans le dos, ce qui mettait en rage Amédée. Mais il n'en demeurait pas moins machiavélique et drôle à la fois. À Wellington, avant le deuxième test, où le ballon sur la transformation en coin par Albaladéjo de l'essai de Dupuy a été refoulé par le vent sur la ligne médiane, il a ordonné à un de ses coéquipiers de Brive, Roland Lefèvre, de dormir avec son maillot. Une fois, il a mis son dentier dans la salade des dirigeants. Son souffre-douleur, c'était Marcel Laurent : « Eh ! les gars vous savez pourquoi on n'a pas de pinard ? C'est Marcel qui l'a gardé et planqué sous son lit. » C'était vrai, mais c'est lui qui l'y avait mis.

Les deux dirigeants faisaient les compositions d'équipes et demandaient à Moncla de les annoncer. Il n'y avait pas de comptes-rendus des matches. « On ne se rendait pas compte que nous étions au pays du rugby, regrette André Boniface. J'ai toujours gardé en mémoire la mine déconfite de nos avants lorsque j'étais juge de touche à Christchurch. J'avais vraiment de la peine pour eux. Comme s'ils avaient été abandonnés. »

Et Moncla n'a jamais oublié une dernière vacherie à son encontre pour le dernier test contre l'Australie. « Il était convenu que Lefèvre jouerait numéro huit. Sans se justifier, ils ont mis Domenech, qui n'avait jamais joué à ce poste. » Ce qu'il ne dit pas par pudeur, c'est qu'ils le laissèrent sur la touche ! Ainsi se termina la carrière internationale de François Moncla.

30

ET LA NOUVELLE-ZÉLANDE CAPITULA

Trois défaites en 1961, trois défaites en 1968, l'équipe de France se présente en 1979 en Nouvelle-Zélande pour essayer de gagner enfin un test à défaut de remporter la série de deux tests. En cent ans d'histoire, la Nouvelle-Zélande est le seul pays où la France ne s'est jamais imposée. Les Français ont perdu le premier test (23-9) à Christchurch. Compte tenu de leur très médiocre production, on ne donne pas cher de leurs chances dans le deuxième, le samedi suivant, à Auckland. Dans les journaux néo-zélandais, la seule interrogation concerne le score : combien de points les Français vont-ils prendre ? 40 ? Plus ? « Toujours cette incapacité congénitale à douter d'eux-mêmes », comme le dit mon copain de collège, ailier du BEC,

Philippe Darmuzey, à propos des All Blacks, que tout amoureux de rugby admire.

Au soir du premier test, les Français sont déprimés. Même Jean-Pierre Rives, leur capitaine, est au trente-sixième dessous. Graham Mourie, le capitaine des All Blacks, essaie de lui remonter le moral : « Jean-Pierre, il reste le deuxième test. » Rives a un sourire amusé : « Graham, tu sais bien que c'est impossible. » Mourie lui répond fermement : « Rien n'est impossible. » Il est vrai que ce n'est pas le match du mardi suivant à Invercargill, et la défaite contre le Southland (12-11), a priori l'équipe la plus faible de la tournée, qui peut rasséréner Rives et ses coéquipiers. Dans la boue et le vent, dans un match âprement disputé, les Français s'inclinent encore. Élie Pebeyre, le patron des sélectionneurs, interpelle Philippe Dintrans, qui a disputé son premier test à Christchurch : « C'est avec des gars comme toi que la France perd des matches. » Pour motiver une escouade on ne fait pas mieux.

« Le mercredi matin, au petit déjeuner, "le Blond" [Rives] a les cheveux en pétard, raconte Daniel Dubroca. Je ne l'avais jamais vu comme ça. Sa connerie, il nous l'a bien transmise. »

Rives fait fi des entraîneurs, « Toto » Desclaux et Jean Piqué. Il donne rendez-vous aux joueurs pour un footing, genre réveil musculaire, croient-ils. C'est à un footing commando qu'il les convie. « Il se met devant, se souvient Jean-Michel Aguirre, qui s'occupait de la préparation physique pendant la tournée. "Suivez-moi, bande d'enfoirés. Ceux qui ne pourront pas suivre ne joueront pas le test." »

Rives a le visage fermé. Il ne dit plus bonjour. Il ne faut surtout pas le contrarier. L'équipe du test est annoncée. Les joueurs non retenus sont mis à l'écart de facto. Certains semblent soulagés. Peut-être le sentiment d'éviter de participer à un massacre le samedi suivant à Auckland. Il est vraisemblable que cela n'a pas échappé au fin psychologue qu'est Rives, puisque d'autres l'ont ressenti.

« C'est vrai, je me suis énervé, convient Rives. J'étais fou de rage. Il ne fallait pas venir me chercher. Il paraît qu'on avait un grand plan de bataille pour le premier test, dont on réservait la surprise aux All Blacks. Jusque-là on n'avait pas poussé les mêlées, comme si nous n'étions pas forts dans ce domaine. Donc, à Christchurch, on devait les mettre sur le cul sur la première mêlée. Résultat, ils nous ont fait reculer de vingt mètres. Et nous n'avions pas de plan B. »

Le sentiment d'avoir pris une branlée est vivace chez les joueurs. Mais certains avaient affiné un peu plus leur analyse du premier test. Pour Aguirre, « on a surtout pris un grain sur nos premières erreurs. Nous n'avons pas été emportés. Pendant toute la tournée, nous avions envoyé du jeu ». Jérôme Gallion, qui remplace Yves Lafarge au deuxième test, n'en pense pas moins : « C'est possible que nous ayons fait un complexe d'infériorité. Le premier test n'avait pas été préparé assez minutieusement. Et puis, ce jour-là, à Auckland, il faisait beau. Nous allions montrer ce dont nous étions capables. »

Ce jour-là, c'est le 14 juillet. Daniel Dubroca est titularisé pour la première fois en équipe de France. Comme il ne joue que pilier droit, Robert Paparemborde glisse en pilier gauche. Maleig et Haget sont associés pour la deuxième fois seulement en deuxième ligne. Le matin, Toto Desclaux croise le troisième-ligne Christian Béguerie. Il s'est ouvert une main lors du premier test. La cicatrice n'est pas très belle. Les points de suture ont lâché. Desclaux lui appuie dessus. Grosse douleur. Béguerie doit déclarer forfait. On va chercher Patrick Salas, qui avait joué deuxième-ligne au premier test. Salas, comme bon nombre de joueurs qui n'étaient plus concernés par le dernier test, a fait la nouba toute la nuit. Il a dormi deux heures lorsque Desclaux lui annonce qu'il sera numéro huit, poste auquel il n'a jamais joué. L'année précédente, le grand arrière gallois

JPR Williams avait joué troisième-ligne contre l'Australie, mais JPR, médecin de son état, était un cas d'espèce unique. Remarquez qu'en 1991, Troy Coker, deuxième-ligne de métier, a disputé la finale de la Coupe du monde avec l'Australie contre l'Angleterre, en numéro huit. Et en 1995, Mark Andrews, a fait de même avec l'Afrique du Sud face à la Nouvelle-Zélande.

Le pauvre Salas est perdu. Il va dire toute la vérité à Jean-Pierre Rives sur sa nuit avec une camarade de jeu. Celui-ci s'en fout : « Tu plaques tout ce qui vient à mon intérieur. » Gallion, à son tour, le rassure, quand Salas, en toute humilité, lui dit qu'il est désolé et qu'il ne connaît aucune combinaison. « Patrick, tu n'as pas à être désolé. Tu plaques tout ce qui est noir. Fais tomber les gars, moi je me charge de l'extérieur. » De son propre aveu, Patrick Salas a terminé le match « violet ».

Une heure et demie avant le coup d'envoi, l'Eden Park est plein. Pour la première fois, Aguirre fait s'échauffer les trois-quarts, dehors, sur le terrain annexe. « Un échauffement uniquement à base de petits jeux avec ballon, explique Aguirre. Attaque contre défense. Les gros, tels Mesny, Averous, moi-même, contre Gallion, Costes, Caussade, Codorniou. On était faciles, on ne faisait pas tomber un ballon.

Nous sommes revenus aux vestiaires en fendant la foule qui nous applaudissait. »

Quand les trois-quarts reviennent dans le vestiaire, tout est calme, serein, tranquille. Pas d'angoisse, pas de pression. Pourtant Rives confia beaucoup plus tard qu'il s'est passé des choses pas très convenables pendant l'échauffement des avants. « Curieusement, on sentait que quelque chose allait se passer, dit Philippe Dintrans. Ça grondait intérieurement. » Il y eut quelques mots de Rives, de Paparemborde. Gallion se rappelle la teneur de leurs paroles : « Qu'est-ce qu'il peut nous arriver ? Depuis le début de la tournée, nous avons montré que nous savions jouer. On ne sait pas que perdre. Alors jouons notre jeu. »

À la fin de la première période, les Français mènent 11-7, avec deux essais de Gallion et de Caussade dans les dernières minutes. Comme le dit Jérôme Gallion avec sa verve toulonnaise : « Le bouillon n'est plus le même. Le clin d'œil que me fait Rives est significatif. Nous sommes présents dans tous les rendez-vous que nous proposent les All Blacks. Et nous lançons notre jeu comme nous le souhaitons. Caussade, par sa façon d'accélérer sur les premiers appuis et d'attaquer la ligne, nous met dans le bon tempo. Les avants courent, plaquent, plongent, avancent. Il y a un phénomène d'aspiration collective. » À ce jeu,

Rives est médaille d'or, Dintrans d'argent et Dubroca de bronze. Ils sautent sur tout ce qui bouge. Knight, Dalton et Johnstone, soit la première ligne des Blacks, se cherchent du regard. Le doute a changé de camp. « Et pourtant j'ai cru jusqu'à la fin qu'on pouvait perdre, dit Dintrans. Si Costes, à la dernière seconde, ne rattrape pas ce ballon en l'air pour dégager en touche, je ne sais pas ce qui se serait passé. Fou de joie, je suis allé embrasser l'arbitre. » Et Aguirre s'est précipité pour récupérer le ballon du match. Gagner pour la première fois en Nouvelle-Zélande, un 14 juillet, voilà une équipe qui rentrait dans l'histoire. Le 14 juillet 1979, on retiendra que la Nouvelle-Zélande, envahie par la France, a capitulé pour la première fois de son histoire.

« Jusqu'à maintenant je connaissais surtout la grandeur d'âme des All Blacks lorsqu'ils gagnaient, résume Rives. Ce soir-là, je les ai vus immenses dans la défaite. Je crois qu'ils sont encore plus grands quand ils perdent que quand ils gagnent. En tous les cas, je les ai trouvés admirables dans la défaite, comme s'ils avaient fait exprès de nous laisser gagner. » Ce qui n'est pas vrai, bien entendu.

PARTIE 4

CARACTÈRES

31

TATI, JOURS DE FÊTE

La boxe a beaucoup inspiré le cinéma. Pas toujours en bien. Mais gardons de côté *Charlot boxeur* de Charlie Chaplin, *Nous avons gagné ce soir* avec Robert Ryan, *Raging Bull* de Martin Scorsese avec Robert De Niro, *Rocky* de Sylvester Stallone. Le rugby a beaucoup moins inspiré les metteurs en scène. Autour d'Angleterre-France, il y eut l'excellent *Allez France !* de Robert Dhéry. Et en 2009, Clint Eastwood tourna avec succès *Invictus*, film qui touche à la finale de la Coupe du monde 1995, Afrique du Sud – Nouvelle-Zélande, et au personnage de Nelson Mandela.

Bien avant, il y eut *La Grande Passion* d'André Hugon, en 1928, avec Rolla Norman, qui jouera plus tard dans *La Kermesse héroïque* de Jacques Feyder. L'histoire d'amour du héros Jean d'Espoey, qui emmène son équipe en finale du championnat de France, n'a pas déchaîné les foules. Le réalisateur n'avait pas ménagé les effets spéciaux en filmant une mêlée sous une plaque de verre, des courses face à la caméra grâce à un tapis roulant. Et il avait intégré dans son film des images des Ponts-Jumeaux, et d'Adolphe Jauréguy lors de France-Galles de 1928 (8-3). Tout ce que Clint Eastwood a repris dans son film.

Ce que l'on peut regretter, c'est que Jacques Tati, bien avant qu'Éric Fourniols et Philippe Guillard, champions de France respectivement avec Toulon (1987) et le Racing (1990), ne se lancent dans la carrière cinématographique, n'ait pas eu le loisir de filmer le rugby. L'idole des Monty Python adorait le rugby qu'il avait découvert en Angleterre, où il avait joué. On imagine bien Monsieur Hulot à Cardiff, Mon Oncle à Mayol ou Jour de fête à Colombes pour France-Galles.

De retour d'Angleterre, Tati allait voir quelques matches à Colombes. On l'y voyait quelquefois dans les années soixante, toujours de façon discrète. C'est justement à Colombes, entre les deux guerres, qu'il tomba un jour sur Alfred Sauvy qui, voyant ce grand échalas, lui demanda s'il ne voulait pas jouer dans son équipe, soit l'équipe 3 du Racing. Tati ne se fit pas prier. « Tu seras deuxième-ligne. »

Le début d'une longue amitié avec ce sociologue, économiste, conseiller de Pierre Mendès France, futur collaborateur de *L'Express*. Et d'une grande complicité lors de ces troisièmes mi-temps animées par Tati, qui roda là ses futurs gags. Malheureusement les réseaux sociaux et les téléphones portables n'existaient pas en ce temps-là. Dommage, car nous aurions une cinémathèque exceptionnelle des saynètes de Tati sur le rugby. Les matches étaient un prétexte à des soirées orchestrées par l'imagination et le talent de Sauvy et Tati. Car en semaine, le timide Jacques Tati s'ennuyait ferme dans l'entreprise familiale d'encadrements d'art.

« Dans l'équipe Sauvy, la démocratie était totale, raconte Tati. On gagnait toujours car il était intelligent. Excellent joueur de bridge et d'échecs, il voyait tout de suite la faiblesse de l'adversaire : "Ne jouez pas sur le petit rouquin, il est increvable. Jouez plutôt sur les trois gros, ils ne tiendront pas deux mi-temps." Il avait raison. Alfred avait inventé le rugby intégral, car il nous faisait changer de place en cours de match. »

Jacques Tati perdait toute timidité lors des troisièmes mi-temps copieusement arrosées, montant dans l'instant des spectacles de mime désopilants. Il vivait chez les uns et les autres. Souvent chez Sauvy, Gorodech, Broïde, Schneider, Janicot, Vissot et

Lagreuler, ouvrier chez Renault, qui se disait « industriel », ce qui amusait Tati, vous vous en doutez.

Tous les copains participaient aux sketches improvisés – les témoignages sont formels, totalement improvisés – dans des bars et des restaurants dont les patrons et les clients étaient ravis. Au début, il imaginait des gags sur le rugby. C'est à partir de ces gags qu'Alfred Sauvy écrivit un scénario pour un film de Tati, sur une musique de Marcel Landowski, *On demande une brute*, hélas ! jamais diffusé. Tati écrivit le scénario de *Soigne ton gauche*, court-métrage réalisé par René Clément, le futur réalisateur de *La bataille du rail*, *Jeux interdits*, *Paris brûle-t-il ?* Et puis encore *Le Rugby militaire*, l'histoire d'un colonel de cavalerie qui a reçu l'ordre du ministère de monter une équipe de rugby dans le régiment. Malheureusement pas d'archive non plus. À moins que quelqu'un soit assis sur un trésor sans le savoir.

Tous les copains avaient droit chaque semaine à des spectacles, des histoires sans parole. Les théâtres changeaient aussi au grand regret des établissements, qui n'étaient pas certains d'avoir ces comiques troupiers la semaine suivante. Pour voir ce que Tati appelait « Ballons d'essai » en relation avec le rugby, les gens se battaient. C'était gratuit en plus. Un soir, au *Bon Bock*, rue Dancourt dans le XVIIIe arrondissement de Paris, il y avait une telle queue qu'eux-mêmes ne pouvaient pas rentrer. Mais les gens ne voulaient pas les laisser passer : « On est venus pour voir les rigolos. – Mais, les rigolos, c'est nous ! » disaient Tati et ses potes.

Il y eut « Trapèze volant » au restaurant de *La Butte*. On peut imaginer l'inquiétude du patron pour le mobilier. Au *Gerny's*, Tati improvise un sketch dans un hall de gare. Il rentre par une porte, sort par une autre, se change, imite le grincheux, le resquilleur, le pointilleux, le père de famille, l'affolé. À la demande du public, il imite le pêcheur à la ligne, le gardien de but, le joueur de tennis, le coureur à pied, le cheval de cirque. Avec Broïdo, il imite la traversée de l'Atlantique de Costes et Bellonte. Chez *Maxim's*, ils font un numéro des Mousquetaires. Le gérant leur offre le champagne. Le génie de l'improvisation. L'équipe de France de 1958 a eu Lucien Mias comme deuxième-ligne. L'équipe 3 du Racing a eu Jacques Tati. Deux héros, deux légendes.

32

CHOLLEY, FORTE TÊTE

Le rugby a été un formidable outil de promotion sociale. À petit niveau, on parlait d'une simple indemnité forfaitaire pour payer l'essence, le train, une chambre d'étudiant, et le président passait quelques arrangements avec l'employeur d'untel ou untel, indispensable pour l'équipe locale. Le facétieux Jean Liénard, champion de France en 1954 avec Grenoble, et plus tard, en 1970, entraîneur de La Voulte champion de France, parlait toujours de ces compresses d'oseille, qui remettaient sur pied le joueur qui se plaignait d'une contracture. Plus haut dans la hiérarchie, il est évident que les avantages étaient plus importants, que l'argent circulait et que les emplois fictifs dans les municipalités fonctionnaient allégrement. Je me souviens d'avoir appelé un international sur son lieu de travail.

Une charmante secrétaire m'avait répondu qu'on ne l'avait pas vu depuis deux ans, alors que l'on pouvait le voir à la télévision presque toutes les semaines. Et du côté d'Agen, où était dirigé le rugby français autour d'Albert Ferrasse et Guy Basquet, ces messieurs vous disaient pour glorifier la promotion sociale : « Au lieu de donner une sardine sur une tranche de pain, nous préférons donner une canne à pêche à un joueur pour qu'il attrape le poisson. »

Ce qui est certain c'est que de nombreux joueurs de rugby se sont hissés dans l'échelle sociale grâce au rugby – en fonction de leurs possibilités, bien entendu. Instituteur, Lucien Mias est devenu médecin. Agriculteur, Walter Spanghero est devenu un homme d'affaires important à Toulouse. Nombreux sont ceux qui sont devenus dentistes parce qu'ils jouaient en plus pour Dentaire Bordeaux. D'autres se contentaient d'un emploi de fonctionnaire à la ville ou dans une administration quelconque.

Sans le rugby, Gérard Cholley, pilier de Castres et de l'équipe de France dans les années soixante-dix, ne serait jamais devenu un cadre des laboratoires Fabre. Peut-être même qu'il se serait perdu en route. Pour les sept enfants (quatre filles et trois garçons) de la famille Cholley, la vie fut difficile dès l'enfance, à Fontaine-lès-Luxeuil, près de Luxeuil-les-Bains en Haute-Saône.

« En guise de sport j'allais courir en forêt, raconte Gérard Cholley. Je coupais des arbres et ramenais du bois dans une carriole. Il n'y avait pas de chauffage dans la chambre. Pas d'eau courante. L'hiver, l'eau du puits était glacée, parfois gelée. Les toilettes étaient au fond de la cour. En plus, mon père me filait des roustes pour un oui ou pour un non. »

À 15 ans, il se tire de la maison, à Lure, à une vingtaine de kilomètres, où il y a aujourd'hui un stade Gérard-Cholley. Ce chemin, il le fera cette même année, à pied, avec un gâteau pour la fête des Mères, refusant de demander la charité à un automobiliste. « Je travaillais à la gare chez un transporteur pour décharger du charbon. Je gagnais 250 francs (45 euros) par mois et je louais 150 francs une chambre chez la grand-mère d'un copain. Je n'avais que du pain à manger. Je faisais de la boxe. Là, je me régalais, c'était un sport fait pour moi. Il est vrai que je n'avais peur de rien. La vie m'avait déjà forgé pour résister au mal. »

La boxe, ce sera la première passion de Gérard Cholley, qui croisera Marcel Cerdan junior aux championnats de France. « La première année, je suis battu en quart de finale par K.-O. Même en rugby, ce n'est pas souvent que je suis tombé K.-O. L'année suivante, à 16 ans, je suis battu en demi-finale par le futur champion, qui avait 30 ans. »

En 1962, un événement va changer le cours de sa vie. « Après l'indépendance de l'Algérie, j'ai eu une altercation avec des Algériens qui réparaient les voies de chemin de fer. Au bistrot ils se rapprochaient un peu trop de ma copine. On s'est expliqués dans la rue. J'en ai amoché quelques-uns. Le lendemain mon patron m'a viré. Le substitut du procureur m'a convoqué : "Ne reste pas là, ils vont te faire la peau." »

Il part avec un copain trois mois à Juan-les-Pins. Ils dorment sur la plage et font la manche. Il se présente avec huit jours de retard à la caserne de Mâcon pour intégrer les nageurs de combat, comme il l'avait demandé. Direction les parachutistes à Castres, où il terminera avec le grade de sergent. Il ne le sait pas encore, mais son destin a changé. Merci l'Armée, avant de dire merci au rugby.

Dans les derniers mois du service, il rencontre René Coll, troisième-ligne champion de France avec le Castres Olympique en 1949 et 1950. Mais ça, il ne risque pas de le savoir. Il n'a jamais assisté à un match de rugby, ni en vrai, ni à la télévision. En voyant ce colosse de parachutiste, Coll lui demande s'il ne veut pas jouer au rugby. Le dimanche suivant, il manque un joueur avec l'équipe réserve pour aller à Saint-Juéry. C'est parti. « D'entrée, il y a des bagarres. Je ne savais pas jouer au rugby, mais la bagarre, je connaissais. Cela m'a plu tout de suite, ce jeu où on pouvait donner. Quinze jours plus tard [1965-1966], je rencontrais Lourdes avec Masseboeuf. Ça tombait épais. J'ai terminé l'armée et je suis resté à Castres. »

Castres avait trouvé son avant à tout faire. Gérard Cholley allait trouver sa voie chez Pierre Fabre. « J'étais à mon aise dans ce rugby, où il fallait s'imposer. Quelquefois, surtout pendant les matches internationaux, ça ressemblait à la guerre, mais on savait aussi mettre les mains dans les poches. Avec l'équipe de France de 1977, j'adorais chanter *La Marseillaise* lorsque nous étions regroupés sur le terrain. J'avais les larmes aux yeux. Nous étions unis comme les doigts de la main. Lorsque l'on se rencontrait en club, il y avait du respect. Encore que, dans une mêlée ouverte à Béziers, où je savais que l'on ne me manquerait pas, ils m'ont allumé. Et je soupçonne Palmié, car il était assez con pour le faire. »

Et Cholley assez fou pour foncer dans le piège. Jacques Fouroux ne disait-il pas de son « Chochole » adoré : « Avec celui-là, tu peux sauter derrière les lignes ennemies. »

33

LES DÉLIRES DE BLACHON

Généralement lorsque l'on rencontre un artiste, on a du mal à l'imaginer en boxeur, en lanceur de poids, en coureur cycliste ou en joueur de rugby. À l'inverse, on imagine mal un boxeur dans un orchestre symphonique, un lanceur de poids dans un film sur la vie de Jésus, un cycliste ou un rugbyman devenir l'émule de Georges Simenon ou un peintre renommé. C'est ainsi, il y a des images qui collent à la peau.

Roger Blachon, lui, était un artiste dans l'âme et avait vraiment l'esprit d'un joueur de rugby, le caractère d'un troisième-ligne. Avec assez de discrétion pour ne pas oser se mettre en avant, avec assez de courage pour oser se mettre en garde face aux plus coriaces gladiateurs de notre rugby. Peut-être que Roger n'aurait laissé aucune trace dans notre univers du rugby s'il n'était pas devenu le dessinateur humoristique que l'on a connu, après sa carrière de capitaine au PUC. Et, bien entendu, s'il n'avait été que l'animateur graphique de *L'Équipe* et de *L'Équipe Magazine*, il n'aurait pas sa place ici.

Heureusement pour nous, en montant de Romans à la capitale pour faire les Beaux-Arts, il eut la bonne idée de prendre le chemin de Charléty et de rejoindre une joyeuse bande d'étudiants, qui ont fait plus de tours de cons que de miracles en dehors du terrain. Mais sur le terrain ils avaient de la moelle. Il fallait être gonflé pour chambrer André Herrero, à Toulon. Philippe Mayer, son compagnon de troisième ligne, se souvient d'un match retour à Mayol, où il avait été exécrable. « Nous avions gagné à l'aller. Herrero était le *king*. Roger ne se dégonflait pas. Au contraire, il cherchait par tous les moyens à le faire dégoupiller, à le faire sortir du match. "Dis donc, André, ça te plairait d'avoir le bac ?", "2 et 2, ça fait combien ?", "Au fait tu as relevé les compteurs [dans le quartier de Chicago, à l'époque, il y avait encore quelques gagneuses dans les bars, près du port] ?" Bon, on a quand même chargé. »

Roger était un anticonformiste. Il a porté les cheveux longs avant tout le monde et il n'aimait pas qu'on lui tire. « Et comme c'était l'époque du chanteur Antoine, rappelle Jean-Claude Guillot, l'arrière du

PUC, le public lui chantait “Va te faire couper les cheveux”, le tube d’Antoine. Cela ne lui faisait ni chaud, ni froid. » D’ailleurs lorsque le PUC, en 1969, disputa et remporta la finale de deuxième division à Bègles contre Mauléon (17-14), c’est à son initiative que les Pucistes allèrent à Bordeaux déguisés en hippies.

Roger aimait beaucoup le match de 15 heures. Il donnait libre cours à son tempérament de gagneur et à sa connerie. Le rugby n’était-il pas un jeu ?

Avant les matches, pour passer le temps, il dessinait sur les nappes des dessins que ses coéquipiers déchiraient et gardaient en souvenir. Une fois, au déjeuner d’avant-match, il avait débarrassé la table et dessiné les assiettes. Bien entendu, les gars avaient mangé sur les nappes en papier. Après les matches, en attendant le train du retour, il cherchait toujours une farce. Un jour, il avait repéré le compteur électrique de l’hôtel. Dans le hall très encombré, tout d’un coup, noir total. Les gars enlèvent chemise, pantalon, caleçon. Et il rallume. Cris d’effroi des clients.

Au sortir d’un stage à Biarritz, le PUC joue à Mont-de-Marsan contre les frères Boniface et compagnie. Le dîner officiel rassemble tous les notables : préfet, maire, député, commissaire de police, évêque, et élégantes du coin. Roger fait éteindre la lumière. Et il effectue tout un numéro, à poil, déambulant sur les tables, passant entre les verres et les bouteilles. N'importe quel autre aurait certainement choqué l'assistance. Pas Roger. À Rome, avec l'autre phénomène du PUC, Fifi Aillères, profitant d'un relâchement des carabiniers, il plongea à poil dans la fontaine de Trevi. C'était tout de même moins sensuel qu'avec Anita Ekberg.

Pendant ce temps sa carrière de dessinateur prend forme. Henri Garcia lui fait faire ses premiers dessins dans le magazine lancé par Roger Couderc, *Allez ! France*. Mais c'est dans *Le Journal du dimanche* qu'il acquiert une certaine notoriété à l'occasion de la tournée de l'équipe de France en Afrique du Sud, en 1971. Il avait représenté tous les joueurs français blancs dans un bus et Roger Bourgarel, le seul Noir, dans un autre bus pour lui tout seul !

Et puis, personne n'a oublié son désopilant dessin collant à la réputation des Béglais et de leur célèbre tortue en 1991. Le pack béglais se présente devant une gagneuse qui interpelle sa collègue : « Gisèle, le groupé pénétrant, tu fais ça, toi ? » Et réponse de l'autre : « Dans l'axe profond ? »

Comme il n'était jamais en retard sur l'évolution, le PUC avait fait un stage à Soustons sous la direction de Clément Dupont. Pesée chaque matin et chaque soir. Ce confinement n'était pas du genre à amuser

Roger, qui intercalait sur le paperboard de l'entraîneur des dessins de folie. Il multipliait aussi la création d'associations inutiles, telles que la défense du prénom Roger, le CAG (club anti-golf), l'association des faux-culs qui, on se demande pourquoi, a été mise en sommeil.

Une seule fois Roger a été pris à son propre jeu. À Beaumont-de-Lomagne, il y avait un ouvreur, Michel Guillas, plutôt au gabarit de troisième-ligne. Sur une touche Roger monte à fond sur lui, comme s'il allait le démonter au plaquage. Guillas a déjà fait la passe. Blachon hésite à le plaquer à retardement, s'arrête devant lui et lui dit : « 2 et 2 » ? Et file. L'affaire en reste là. L'été suivant, fêtes de Vic-Fezensac, où Roger a ses marques dans un bistrot, bien calé au bar par sa ceinture d'électricien, en attendant le *cinco de la tarde*. Vu sa dégaine de hippie, on ne peut pas le manquer. Quelqu'un lui tape sur l'épaule. Roger se retourne sans lâcher son verre. Et là, souriant, malicieux, Guillas lui dit : « 4 ». C'était au temps où l'on avait de l'humour dans le rugby.

34

PAR LA GRÂCE DE DIEU

Une semaine plus tôt, au printemps 1974, Béziers a gagné la finale du Languedoc et a battu Narbonne, à la dernière minute, grâce à un drop d'Henri Cabrol. Un crève-cœur pour Walter Spanghero et Jo Maso, qui savent qu'ils ne seront jamais champions de France. Une semaine plus tard, ils reviennent à Paris. Pas au Parc des Princes, mais à Colombes, pour la finale du challenge du Manoir contre Brive, un stade chargé d'histoires et de souvenirs pour les deux. N'ont-ils pas fait la fermeture de Colombes avant le retour au Parc des Princes, deux ans auparavant, avec une formidable victoire sur l'Angleterre (37-12) ?

Le match et la victoire sur Brive (19-10) sont anecdotiques. Dans ce stade de Colombes, il y a deux spectateurs que personne n'a reconnus : Nando Parrado et Roberto Canessa. Des joueurs de rugby anonymes.

Ils ont gagné le plus grand match de leur vie. Ils ont gagné contre des adversaires plus forts que les All Blacks, les Springboks, les Wallabys, les équipes du Tournoi des Cinq Nations. Ils ont vaincu la cordillère des Andes avec leur équipe des Old Christians de Montevideo. Ils figurent parmi les 16 survivants de cette équipe d'Uruguay, tombée avec leur avion dans la montagne, alors qu'elle se dirigeait vers le Chili pour disputer un match. Ils veulent saluer les héros du match, Spanghero et Maso.

Très forte émotion dans le vestiaire. Ce sont eux, les héros. Personne n'ose les aborder. Comme s'ils étaient des morts-vivants. Effectivement ce sont des miraculés. On s'échange les adresses, les téléphones. Canessa et Parrado repartent avec un maillot de Narbonne. On se promet de se revoir un jour.

Ce jour viendra, en 1981, pour Jo Maso, embarqué avec mon équipe des Barbares Riants en compagnie de quelques internationaux comme Jean-Claude Roques, Jacky Ayral, Guy Laporte, héros du dernier Grand Chelem de la France cette année-là, et quelques joueurs de Première Division tels que Chabellard de Bègles, Icart et Gontier de Graulhet, Barrat de Brive.

Dans l'intervalle, on a gardé le contact. Je corresponds avec un autre survivant, Gustavo Zerbino. Je leur envoie des cassettes de matches via la valise diplomatique. Retrouvailles émouvantes à Montevideo le premier jour autour d'un *asado* et match le lendemain remporté par les Old Christians dans la tradition des rencontres amicales en Amérique du Sud. Viril, engagé au niveau des avants, mais loyal. Parrado, Canessa, Zerbino sont de la partie sur le pré de Carrasco. Le soir, nous sommes leurs invités dans une somptueuse demeure, où est conservée comme une relique la casquette du pilote de l'avion : apéro à base de rhum, chansons. Une soirée où la parole se libère. On n'ose pas poser trop de questions. On avance sur la pointe des pieds. Mais pas complètement masqués. Nos amis le sentent bien. À la première question sur le crash de l'avion (13 octobre 1972), ils sont déjà en éveil.

« Beaucoup d'entre nous sont morts sur le coup, raconte Canessa à Jo Maso. Le plus dur, ce fut au bout de onze jours lorsque nous avons entendu à la radio de l'avion que les recherches étaient abandonnées. D'autant que nous avions vu voler des avions de reconnaissance au-dessus de nous et qu'on espérait qu'ils nous avaient vus. Mais notre avion était enfoui sous la neige. Et tout de suite après, une avalanche a enseveli d'autres survivants. »

Et là, on pose la question. On ose. Neuf ans après l'accident, Canessa est devenu cardiologue, Parrado et Zerbino, des hommes d'affaires. Ils ont dépassé le traumatisme. Jo Maso n'a jamais oublié : « Canessa avait les larmes aux yeux en racontant son histoire. Surtout le moment où ils se sont réunis pour savoir s'ils devaient manger les corps des parents. Parrado avait perdu sa mère et sa sœur dans le crash. Ils ont voté à main levée. Un seul a dit qu'il ne pourrait pas. Deux d'entre eux seulement ont découpé les corps des morts, congelés, qu'ils avaient déplacés hors de vue des survivants massés dans la carlingue de l'avion. Et qu'ils reconnaissaient forcément. À 4 000 mètres, il faisait entre moins 20 et moins 30 degrés. Avec des bouts de tôle de l'avion, ils découpaient les morceaux et les faisaient décongeler la journée au soleil. Dans la journée, profitant du soleil, ils faisaient fondre des blocs de glace pour boire. Pour survivre, ils nous ont expliqué qu'ils s'étaient accrochés à leur foi. »

Maso n'a pas oublié leurs paroles : « Lors de la Cène, le Christ a offert son sang et son corps à ses apôtres. Il nous a montré le chemin. Une communion intime nous a aidés à survivre. Et le rugby nous a rendus plus forts. Quitte à mourir, autant le faire en s'accrochant à la vie. C'est pour cela que nous avons décidé [Canessa et Parrado ; Vizintin s'est blessé au bout de trois jours et a rebroussé chemin] vers la mi-décembre de partir chercher du secours. »

La marche, ou plutôt l'escalade permanente, au milieu de la neige, des rochers, des crevasses, dure une dizaine de jours. Cent kilomètres avant d'arriver près d'une rivière où un paysan prend peur en voyant ces barbus hirsutes. Maso encore : « Le berger a cru qu'ils étaient des terroristes. Il est parti et il est revenu le lendemain matin. Trois jours avant Noël et soixante-huit jours après le crash – ils ont vu là comme un signe – ils étaient sauvés. »

Le plus dur, maintenant, attendait les familles à l'aéroport de Montevideo. Ils étaient partis à quarante-cinq. Elles savaient qu'il n'y avait que seize survivants. C'est en les voyant descendre de la passerelle qu'elles surent. Ce n'est que quelques jours plus tard que les survivants leur dirent la vérité. Et ce n'est que lorsque le pape Paul VI les eut absous – « Vous n'avez pas commis de péché. Ils ont donné leur vie pour vous » – qu'ils se sentirent en paix avec leur conscience.

35

LES K.-O DE BRUNEL

Il y a beaucoup de similitudes entre le rugby et la boxe. L'un est un sport de contact, l'autre de combat, même si au rugby il faut combattre au sens premier du terme pour s'approprier le ballon et ensuite franchir une défense. C'est vrai aussi que le rugby s'apparente parfois à des corps-à-corps musclés, virils, voire violents à une certaine époque. Dans un autre temps, cela débouchait même sur des débordements qui n'avaient rien à voir avec de la boxe, mais plutôt avec des combats de rue.

Jacques Brunel, ancien arrière d'Auch, Grenoble et Carcassonne, ancien entraîneur d'Auch, Colomiers, Pau, Perpignan, Bordeaux-Bègles, de l'équipe d'Italie et de l'équipe de France, en a vu, bien entendu, de toutes les couleurs pendant sa carrière. Mais ce n'est pas pour ces bagarres et ces règlements de compte qu'il aime la boxe. Il aime le rugby comme un jeu, il aime la boxe parce qu'elle représente pour lui le sport le plus dur. « Plus dur que l'athlétisme, dit-il. Au rugby, tu peux t'échapper. Quand tu es sur le ring entre les douze cordes, il n'y a pas d'échappatoire. Tu peux tourner, esquiver, mais si tu prends des coups et que tu n'arrives pas à les rendre… » Le terrain de jeu est plus grand au rugby. Mais lorsque l'on recule, qu'on subit physiquement et techniquement, le champ d'action se réduit et la sanction est la même. Que l'on soit battu aux points ou par K.-O., on peut prendre 60 points ! Les coups, les plaquages, les affrontements dans les rucks font mal. « C'est quand le jeu se durcit que l'on reconnaît les durs », disait Robert Paparemborde.

À Perpignan, lors de la saison 2007-2008, Jacques Brunel s'était vite rendu compte qu'il lui manquait un gladiateur après le départ à la retraite de son deuxième-ligne Christophe Porcu, qu'il avait fait débuter à 19 ans à Auch.

« Je lui téléphone, raconte Brunel :

– Tu es assis ?

– Oui.

– J'ai besoin de toi. Tu reviens demain à l'entraînement.

Un blanc…

– D'accord.

Mon président m'a pris pour un fou. »

Après un stage dans la neige à Font-Romeu, direction Paris et un premier match contre le Stade Français. « Là, Goutta, le capitaine, m'explique qu'il risque de se passer des choses sous la mêlée. Je dis à Porcu : “Ne déconne pas ! Il y a des télés partout.” »

Effectivement il s'est passé de drôles de choses sous la mêlée, à ne pas montrer aux écoles de rugby. Perpignan l'a emporté et est allé jusqu'en demi-finale contre Clermont. La saison suivante, Perpignan sera champion de France contre Clermont.

D'où est venue cette passion de Jacques Brunel pour la boxe ? De sa jeunesse à Auch, où il y avait un très bon club, que fréquentait également Jacques Fouroux. Et de son admiration pour les boxeurs. Au point qu'il se décide un jour d'aller voir chez les Américains, en Floride. Il sait que Christophe Tiozzo prépare son championnat du monde contre l'Australien Jeff Harding. Mais comment trouver tout seul à Miami ? « Un coup de pot, on me parle d'une salle qu'a fréquentée Mickey Rourke. Et là, je suis chez Rocky. Salle vétuste, des peintures de têtes de boxeurs sur les murs. Un vieux monsieur, “Beau Jack”, qui a été champion du monde en 1948. Des Blacks sur les rings et une sonnerie qui rythme les trois minutes. Je piste un gars, je cherche son nom. Lui m'observe, vient vers moi : "Je suis Chuck Talami." Un ancien entraîneur de Cassius Clay. Il me raconte qu'il a eu ici un jeune français, Fournier. C'est le fils du prévôt d'Auch. Je lui dis qu'il est décédé d'une leucémie. Il pleure. »

Mais pas de Tiozzo. Il viendra trois jours plus tard, sortant d'une belle décapotable. Brunel le salue, l'autre l'ignore, puis revient s'excuser. « Un grand Black, un gaillard, l'attend sur le ring. Dès les premiers échanges, le gars lui ouvre l'arcade. Et là, je n'ai plus assisté à un entraînement mais à un combat. Tiozzo est rentré dans une rage terrible. Même au sol il continuait à peler le Black. Mais il était blessé et le championnat du monde a été reporté. Et Tiozzo a été battu. »

Jacques Brunel a toujours été fasciné par ces combattants de l'impossible. Comme ce Christophe Rodrigues, champion de France des poids mouche, maçon de son métier, qui remet son titre en jeu face à Brahim Asloum. « Une formalité pour le champion olympique, pense-t-on, dit Brunel. Mais rien ne va se passer comme prévu. Asloum est déclaré vainqueur. Bronca dans la salle de Levallois. »

C'est ce genre de scénarios qu'il aime, Jacques Brunel. Comme un soir à Mont-de-Marsan où on lui vend un welter comme un crack. « La salle lui est acquise, dit Brunel. Le mec arrive comme dans les films de Rocky. Et moi, je regardais l'autre mec, inconnu, qui était déjà sur le ring. Un gitan accompagné d'une trentaine de supporters. Il lui faisait signe de venir, qu'il l'attendait. Je me dis : il est gonflé, le gars. Le combat a duré un round et demi. Il a pelé le gars de Mont-de-Marsan. »

À Auch, quand il entraînait, il a mis ses joueurs à la boxe. « Je voulais qu'ils se rendent compte combien la boxe, combien un sport de combat, est dur. Ils se plaignaient toujours que c'était dur en rugby. J'ai dit au prévôt Fournier : "Je veux qu'ils pleurent." J'ai même mis les gants avec eux. Ils ont essayé de me peler. »

« En tous les cas, la boxe m'a appris une chose. Bien sûr, la puissance et le punch, c'est essentiel. Mais c'est la technique qui fait la différence. Plus tu t'énerves, plus tu te désunis et plus tu en prends plein la gueule. »

Nous sommes nombreux à avoir entendu ce discours auprès de nos premiers éducateurs et entraîneurs. Oui, il faut être costaud, endurant, fort mentalement. Mais la technique, on peut peut-être l'oublier mais on ne peut pas l'ignorer.

36

SAULNIER L'AVIATEUR

De l'avis de tous les joueurs qui ont participé aux tournées victorieuses de l'équipe de France en Afrique du Sud en 1958 et 1964, Serge Saulnier, le directeur, prit une part prépondérante dans leur réussite. D'ailleurs François Moncla, qui était de celle de 1958, a toujours regretté qu'il n'ait pas dirigé la honteuse tournée de 1961 en Nouvelle-Zélande : « Avec lui, cela ne se serait pas passé comme ça. Comme il n'avait pas pu venir, il m'avait confié une lettre pour un de ses amis en Nouvelle-Zélande qui devait me remettre de l'argent pour payer quelques extras aux joueurs après les matches. »

Serge Saulnier, c'était la classe. Et un sacré caractère. Il venait d'une famille où l'on n'avait pas peur d'aller de l'avant et de s'aventurer. Son oncle Roland avait fondé la célèbre entreprise Morane-Saulnier avec les frères Léon et Robert Morane, pionniers français de l'aéronautique. Il avait déposé le brevet du dispositif de synchronisation du tir à travers le champ de l'hélice des avions. Et il avait participé à la conception du Blériot XI avec lequel Louis Blériot traversa la Manche en 1909.

Tout jeune, Serge Saulnier s'était pris d'affection pour le rugby. Troisième-ligne rugueux qui distribuait joyeusement, il fut capitaine puis président du Stade Français avant de se lancer dans l'arbitrage. Et là aussi il avait du tempérament. Il ne se laissait pas faire et il entendait commander et diriger les matches à sa main. Une fois, il s'était adressé en ces termes aux deux équipes avant le coup d'envoi : « Je sais que je suis le roi des cons, que je ne comprends rien au rugby, que je suis cocu. Donc ce n'est pas la peine de me le dire. Il y a une chose aussi que je sais, c'est où se trouvent les poteaux et les 22 mètres. » Façon de dire « je peux siffler une pénalité à tout moment et à n'importe quel endroit ». Ce qui ne le gêna pas, un jour, de sortir trois joueurs de la même équipe.

Ensuite, il avait très vite intégré les hautes sphères de la Fédération française de rugby. C'est ainsi qu'il recevait chez lui, sur le quai de la Seine à l'Alma, les dirigeants anglais qu'il savait caresser dans le sens du poil. Et il le fallait, car il y avait souvent de la friture dans les relations entre les Britanniques et les Français. Et à chaque fois il allait au feu quand il fallait défendre un joueur.

Lorsque les Écossais voulurent empêcher Jean Dauger de jouer en 1953, parce qu'il avait joué au rugby à XIII après ses 18 ans, il monta au pétard en ces termes : « Je comprends très bien que vous ne vouliez pas jouer contre lui. C'est dommage, car c'est un parfait gentleman. Et si vous ne voulez pas, alors on annule le match. » Les Britanniques n'avaient pas l'habitude qu'on leur résiste. Il est vrai que, depuis la reprise des relations avec nos voisins d'outre-Manche après-guerre, que ceux-ci avaient rompues unilatéralement en 1931, les Français avaient pris l'habitude de faire profil bas et de se conformer à leur bon vouloir. Ce jour-là, la France battit l'Écosse (11-5), mais Dauger ne joua plus jamais en équipe de France.

Beaucoup plus tard, en 1965, avant Angleterre-France, à Twickenham (9-6), un officiel anglais quelque peu tatillon apprend qu'Aldo Gruarin est né en Italie. Pour lui, c'est suspect. N'y aurait-il pas anguille sous roche ? Il demande des explications, laissant entendre que s'il est italien il ne peut pas jouer pour la France. Saulnier flaire l'embrouille. En fait, il est pris de court car il découvre, lui aussi, que Gruarin est né en Italie, du côté de Venise. « Comment ? s'emporte-t-il. Il n'est pas français ? Il a fait la guerre d'Algérie ! » Ce n'était pas vrai puisqu'il avait été réformé, ce que Saulnier ignorait aussi. L'affaire s'arrêta là.

En tournée, il pouvait être papa poule ou garde-chiourme selon qu'il manquait l'utile et l'agréable, et même le superflu, aux joueurs ou que ceux-ci se lâchaient un peu trop. Mais il ne les prenait jamais en traître. Il les considérait comme des hommes et non pas comme des jeunes gens en vadrouille. Dès le début de la tournée il mettait les choses au point : « Vous n'êtes pas là en vacances, mais pour jouer au rugby. Et pour gagner. Je vous rappelle que vous représentez la France et que vous devez faire honneur à votre drapeau. Celui qui se met de côté rentrera en France. »

« En 1964, Saulnier a eu l'intelligence de bien séparer les rôles : l'intendance pour lui, le sportif pour Jean Prat, dit Jean Gachassin. Ils n'étaient pas rivaux. Ils ne sont jamais rentrés en conflit. Et jamais de réflexions devant tout le monde. »

« Il exigeait toutes les facilités pour les joueurs, confirme André Herrero. Confort, qualité des repas, exactitude des bus. À East London, il a demandé à changer d'hôtel. Et nous, nous étions disciplinés. Car il ne faut pas oublier que nous étions très jeunes, pratiquement des débutants. On respectait l'organisation. »

Christian Darrouy se rappelle un repas : « Il n'y avait pas de glace pour tout le monde. Il s'est levé et a gueulé : "*Ice-cream for everybody*[1] !" Tout le monde a eu une glace. » Il avait fait plus fort en 1958 lorsque deux moteurs sur quatre de l'avion parti de Paris étaient tombés en panne. Le commandant de bord avait été obligé de se poser à Kano, au Nigeria. Au bout de deux jours, tous installés dans un centre religieux tenu par les Sœurs catholiques irlandaises aux allures de pensionnat pour jeunes filles, il envoya un télégramme à la fédération sud-africaine : « Si nous ne couchons pas demain soir dans un lit à Salisbury, nous ne jouons pas samedi. »

« Saulnier avait l'art de rentrer dans la tronche des gars, raconte Aldo Gruarin. Il ne fallait pas toucher à son équipe. Il savait parler avant les matches. Toujours en maîtrise. Et avec Jean Prat, il ne parlait jamais devant les joueurs. »

Un patron quoi.

1. Glace pour tout le monde !

37

L'ABBÉ LEBEL

Tout le monde a entendu parler de l'abbé Pistre, qui joua au rugby à Albi et commenta ensuite quelques matches du Tournoi à la télévision avec Georges de Caunes. Mais les rapports entre le rugby et le clergé ne se sont pas limités pas à l'abbé Pistre. Il faut se souvenir que, bien avant que les écoles de rugby soient créées dans les clubs, les curés, au même titre que les instituteurs, initièrent les enfants à la pratique du rugby. J'ai tout particulièrement souvenance de l'abbé Bernès, de Saint-Jean-Baptiste à Bazas, qui partit ensuite à Valladolid pour faire connaître le rugby aux jeunes Espagnols.

Les prêtres, notamment en Irlande, continuaient quelquefois à jouer après leur noviciat. L'Australien John Cootes, lui, fit des études de théologie à la Curie romaine, à Rome, et joua au rugby à XV avec la Lazio. Ordonné prêtre, il revint au rugby à XIII à Newcastle en Australie. En 1970, à Leeds, il disputa et remporta la finale de la Coupe du monde face à la Grande-Bretagne (12-7), finissant meilleur marqueur de la compétition.

En France, Philippe Lebel, trois-quarts centre de qualité, aujourd'hui curé de la paroisse de Meilhan dans les Landes, ne fut jamais appelé en équipe de France. Formé à l'école de rugby de Dax avec ses potes Tremont, Lapique, Brana, Harran, il passa par toutes les équipes de jeunes, avec comme entraîneurs d'anciens joueurs tels que Cassiède, Wilhems, Berho, Darbos. Barré par la paire internationale Claude Dourthe – Jean-Pierre Lux, il réussit tout de même à se faire une place au sein des lignes arrière dacquoises. « J'ai eu de la chance, même si je me suis toujours senti le petit dans la cour des grands », avoue-t-il. Néanmoins il mena une carrière tout à fait convenable à Dax, avant de partir trois ans à Toulouse pour ses études de kiné et de jouer au Stade Toulousain derrière une troisième ligne composée de Jean-Pierre Rives, Jean-Claude Skrela et Walter Spanghero, aux côtés de Martinez, Gabernet, Novès. Le gamin de Pomarez avait du potentiel.

Pas international, il fut tout de même finaliste du championnat de France en 1973 avec Dax face à Tarbes, à Toulouse, aux côtés de Lux, Dourthe étant blessé. « Nous avions battu le grand Béziers en demi-finale et Brive en quart, avec un peu de chance, se rappelle-t-il. D'outsiders, nous sommes devenus favoris. Nous étions cuits, sans ressort. Et moi, j'ai pris une insolation en cours de match. » Cinquième finale perdue par Dax (18-12).

Après cette finale, Philippe Lebel va passer trois ans à Toulouse. « J'ai choisi kiné car je cherchais déjà à savoir ce qu'était l'être humain. J'avais des interrogations. » À cette époque il pense seulement à obtenir le diplôme et s'installer dans la ville thermale de Dax. « J'ai commencé aux Bains Saint-Pierre, qui appartenaient à Jacques Chicoye, le beau-père de Jean-Pierre Bastiat. Ça ne s'invente pas. Et puis j'ai changé d'orientation. Qu'est-ce que j'allais faire de ma vie, qui, jusque-là était comme celle de tous mes copains ? Après un long mûrissement, il y a eu la rencontre avec Dieu. Il a fallu expliquer à mes parents, qui étaient bienveillants. Mais ça eut du mal à passer. »

Direction un foyer de charité près d'Agen puis un premier cycle pendant trois ans au séminaire de Paray-le-Monial. Fini le rugby. Du moins, c'est ce qu'il pense. « Pas du tout. Le père supérieur m'a encouragé à jouer avec le club local, qui était en Honneur. J'ai joué en même temps avec le grand-père et le père d'Alexandre Lapandry, le troisième-ligne international de Clermont. En Bourgogne, l'hiver, les terrains n'étaient pas faits pour les trois-quarts. Bien entendu les adversaires savaient qu'il y avait un curé en face. Il y avait un certain respect. Mais il y avait aussi la tentation de tester le curé. Un jour, je prends un plaquage à retardement. Je ne dis rien alors que d'habitude je suis réactif. Mais je me dois de donner l'exemple. Avant je ne me laissais pas faire, ça partait aussitôt. Trois minutes après, je suis retenu par le maillot. Je balance un marron. Bagarre générale. »

Voilà qui lui rappelait quelques moments partagés avec ses anciens coéquipiers dacquois qui n'étaient pas des enfants de chœur. Que ce soit à Dax ou sur quelques terrains voisins de Mont-de-Marsan ou de Tyrosse, ou d'ailleurs du reste, les Dacquois avaient la réputation de ne pas s'échapper.

« Et puis, il y avait les provocations orales. Pas méchantes, mais assez pour jauger le curé. "Va faire ta prière !" À quoi je répondais : "Je vais prier pour toi !" En tout cas j'ai passé trois années magnifiques dans ce club. »

Le deuxième cycle l'amène à Bayonne, où il est ordonné prêtre en 1986. La tentation est grande de repiquer au truc. Mais il n'est pas assez disponible. Il se contente de s'entraîner avec l'Aviron. Parti en stage à Peyrehorade, dans les Landes, qui jouait en deuxième division, il entrevoit une ouverture. « Je me suis investi à l'école de rugby dirigée par Gaston Dubois [ancien troisième-ligne de Dax], le père de Jean-Frédéric [finaliste du championnat de France avec Toulouse contre Biarritz en 2006, et co-entraîneur de l'équipe de France avec Guy Novès et Yannick Bru] qui était tout minot. Et lui venait faire le catéchisme avec moi. » Mais le virus du rugby est toujours actif chez Philippe Lebel, qui lorgne vers Pomarez, dans la Chalosse, la Mecque de la course landaise, d'où il est originaire. C'est un retour aux sources. Ses amis de Pomarez – Tremont en tête qui était de la finale de 1973 avec Dax – savent bien que le démon rôde toujours et qu'il ne faudrait pas grand-chose pour le décider. « À Peyrehorade, c'était compliqué. Compte tenu de mes obligations paroissiales le dimanche, je ne pouvais pas faire les déplacements. Avec Pomarez, en série inférieure, on se déplaçait dans les environs. Et puis le niveau me convenait davantage. Nous avons même été champions de France de troisième série. »

Carrière terminée, Philippe Lebel s'occupe de la paroisse de Meilhan, en plein pays montois. Il va voir quelques matches à Dax, à Tartas, le club phare de la paroisse. Il revoit les copains au hasard de cérémonies d'obsèques. Et il prie pour tous ceux avec lesquels il a joué qui sont quelquefois dans le malheur.

38

TERRAIN SANS PEUR

Terrain, voilà un mot qui nous amène tout de suite à la pratique du sport. Mais, là, on parle de Christophe Terrain, de Lourdes, joueur de choc dans la tradition de nos avants durs au mal. Nul doute qu'en d'autres temps, cet ardent troisième-ligne aurait fait les Croisades, aurait eu un destin à la Bayard, se serait lancé sans crainte sur le pont d'Arcole ou se serait illustré dans la Résistance. Résistant, c'est la principale qualité de ce joueur, qui ne fut jamais international, mais que tous les internationaux craignaient. Aller à Lourdes, ce n'était pas une bénédiction. Et quand Lourdes voyageait, jamais ce Terrain ne se faisait porter pâle. « Pourtant j'en ai vu pas mal, de guerriers jouer les justiciers chez eux au match aller, raconte-t-il. J'en ai vu aussi pas mal qui déclaraient forfait pour le match retour. »

Pour Christophe Terrain, le rugby, c'était les vacances. Le reste du temps, il travaillait à la ferme. Orphelin de père à 8 ans dans une tribu de treize frères et sœurs, il fallut très tôt se mettre au boulot. « Avec les semis, le maïs, l'irrigation, l'élevage, j'étais déjà en forme au mois d'août, dit-il. La présaison, c'était debout avec le soleil à 6 heures du matin et coucher après 10 heures du soir. Et quand les anciens faisaient la sieste l'après-midi, nous, les jeunes, nous chargions le foin, la paille, dans les charrettes. »

Pour son premier match, à 18 ans, il rencontre Toulon, en match amical. « J'étais généreux à souhait, je me jetais partout. Au bout d'un moment, il y a un Toulonnais qui m'a dit : "Oh ! tu vas te faire mal si tu continues comme ça !" » Et il a continué comme ça jusqu'à la fin de sa carrière, terminée à Riscle, en groupe B. Mon ami Jean Crépin de *L'Équipe*, présent lors d'un match contre Tyrosse, se rappelle : « Entraîneur, il s'était mis sur la feuille de match. Comme son équipe n'y arrivait pas, il est rentré. Il restait vingt minutes. Il a rectifié la situation tout seul. Pif, paf, ça tombait en face. Il a cabossé quelques avants tyrossais et Riscle a gagné. "Je n'allais pas les laisser faire comme ça", me dit-il. »

N'en déduisez pas que Christophe Terrain était une sombre brute. Mais à l'époque, il y avait dans toutes les équipes deux ou trois joueurs pour rassurer. Les rendez-vous étaient musclés. « Il ne faut pas croire que je n'avais pas peur. Mais j'avais pour principe de ne pas le montrer. Autrement je n'aurais pas été à la hauteur. Oui, j'étais courageux, car mon propre défi c'était de ne jamais reculer. Je ne refusais rien pour protéger mon équipe. Dans le couloir qui nous amenait sur le terrain, je savais avec qui j'allais relever le défi physique. Je reconnais que j'étais plus à l'aise dans ce rugby, qui était bien adapté à mon tempérament de combattant. »

La seule fois où il honora une sélection avec France B contre Galles B, à Saint-Nazaire, eh bien ! il se mit en avant. Sur la première mêlée les piliers se sont agacés. Il s'est avancé pour participer à l'échange. Résultat, une arcade ouverte et trois semaines sans jouer à cause d'une suspension. Pendant que les gazelles, les trois-quarts donc, calculaient comment elles allaient déborder, passer, marquer, les bestiaux, les bourriques, les avants donc, se concentraient sur des tâches plus ingrates. Il fallait dégonfler l'autre, et pour l'autre, ne pas se dégonfler. Plus difficile que de faire des biscouettes derrière. Dans le derby avec Bagnères, l'affaire commençait dans le petit et sombre couloir : « Une fois, Pourtal avait frappé Randoin, qui était pourtant son pote. Bon, j'ai géré la vengeance. »

En ces temps difficiles, la gestion n'était pas toujours bien agencée. À Béziers, il n'y avait pas de problème, en ce sens que, selon Terrain, « les Biterrois avaient des schémas de régulation dans leur territoire. À Sauclières, notre ailier Lalubie avait mis un plaquage à retardement. Sur la touche suivante, Astre a balancé une longue chandelle directement sur lui. Justice immanente. Lalubie est emporté corps et bien ».

À Brive, Christophe Terrain n'avait pas vu venir le coup sur une touche. « Moi, je n'étais jamais sollicité sur les touches. Là, le talonneur briviste lance sur moi, puisque je n'étais pas marqué. Par réflexe, je lève les bras pour attraper le ballon. Et dans le même temps je réalise que je suis dans un piège. Trop tard. J'ai senti deux mains sur chaque épaule, je suis tombé et je suis passé dans la lessiveuse. Jusqu'à la fin, j'ai joué avec deux rétroviseurs. »

Curieusement Terrain n'a jamais subi de grosses blessures. À Albi, en huitième de finale contre Tulle, il n'a pas fini le match. Il a fallu déranger dans un repas de famille Bernard Vaur, l'ancien demi de mêlée de Montferrand, pour qu'il lui pose quarante-cinq points de suture à une oreille. Une seule fois, il a passé une nuit à l'hôpital, à Agen, pour un coup de pied dans la tête. « De toute façon, il fallait que je rentre, car le lundi matin il y avait école à la ferme. Pas question de me mettre à l'assurance. »

Cet esprit de famille, cet esprit d'équipe, Christophe Terrain l'a toujours privilégié. Le rugby terminé, il s'est engagé avec la même détermination dans la vie civile : président de l'Association générale des producteurs de maïs, membre de l'Institut technique français de référence pour les céréales, membre de la Confédération européenne des producteurs de maïs. Il a souvent participé à des discussions entre Paris et Bruxelles. Et côté personnel, il s'est investi dans la coopérative Vivadour : semences, volailles, foie gras, vins liquoreux, armagnac. Et enfin maire de la ville de Riscle, 2 000 habitants, dans le Gers. C'est ce qui s'appelle une vie bien remplie au service des autres. Il a bien tenté d'aller plus haut. Mais comme au rugby, il n'a pas atteint le haut niveau. Sauf que là, c'est lui qui n'a pas voulu : « La politique, ce n'était pas pour moi. Je crois que je n'aurais pas été assez rugueux. »

39

DOMERCQ, GENTLEMAN ARBITRE

C'est bien connu, du côté des perdants, c'est toujours le même refrain : c'est la faute de l'arbitre, « ce pelé, ce galeux », d'où vient tout leur mal, comme dans la fable de La Fontaine « Les Animaux malades de la peste ». C'est pourquoi les arbitres sont la cible des spectateurs, sont toujours voués aux gémonies et sont appelés à se rendre aux latrines sur tous les terrains de France. Ils ne voient rien – surtout les fautes de l'adversaire –, ils sont malhonnêtes, ils ne connaissent pas les règles, etc... Au sujet des règles, au soir du match nul (0-0) entre la France et l'Afrique du Sud, à Colombes, en 1961, le capitaine François Moncla avait abordé le très célèbre et très apprécié arbitre gallois Gwynne Walters pour lui parler d'un cas d'espèce pendant la rencontre : « Mon cher François, vous me parlez de telle règle… Mais, vous voulez que je vous dise, le règlement je ne l'ai jamais lu ! » Comprendre : la psychologie des joueurs et leur envie de jouer, il n'avait pas appris cela dans les livres. Il arbitrait à l'instinct. Comme le fit plus tard notre arbitre Georges Domercq, qui fut unanimement reconnu comme un maître de l'arbitrage par les Anglo-Saxons.

« Georges avait une phrase magnifique, dit son élève Michel Lamoulie. "Tu dois imaginer que tu as le sifflet dans la poche et pas à la bouche. Le temps que tu le sortes, ton analyse sera faite." L'arbitre doit réagir comme un joueur. Celui-ci perçoit, analyse, décide. Il a le ballon, il regarde l'adversaire, il sait où sont les espaces : soit il pète, soit il passe, soit il tape. L'arbitre a vu la faute, analyse l'impact sur le jeu : soit il siffle, soit il laisse jouer l'avantage, soit il y a essai. »

Mais pour arriver à cette sérénité et cette sagesse, pour savoir qu'il faut siffler la fin d'un match tout près de l'entrée des vestiaires, le jeune Lamoulie dut endurer pas mal de tourments. Au milieu des mauvais matches, des insultes, des conneries des joueurs, il y avait les vexations. Comme ce jour où son épouse l'accompagna à un match à Mérignac. Inconnue dans les tribunes, entourée d'aboyeurs outranciers, elle en entendit, des insultes sur son mari. À la réception d'après-match elle se dirigea vers le deuxième-ligne Joël Merlaud, blessé ce jour-là et assis pas loin d'elle pendant le match, et lui lança : « Je ne suis pas Madame Enculé, mais Madame Lamoulie ! »

Heureusement il y avait la connivence avec les joueurs qui savaient y faire avec les arbitres. Lors d'un match Aire-sur-Adour – Béziers, le deuxième-ligne landais Thierry Adoue s'aventura sur des schémas tactiques dangereux en s'appuyant en touche de façon systématique sur le deuxième-ligne Michel Palmié. Exaspéré et anormalement patient, Palmié s'adressa gentiment à l'arbitre : « Monsieur Lamoulie, vous vous en occupez ou je m'en occupe. » « Je me suis tourné vers Adoue, que j'avais eu à l'école à Mont-de-Marsan et je lui ai dit : "Tu as compris ?" »

André Herrero, ancien troisième-ligne de Toulon et de l'équipe de France, bien connu pour son caractère volcanique, avait adopté une attitude similaire lorsqu'il avait décidé de passer de l'autre côté de la barrière. Quand ça chauffait, il disait aux gars : « Bon, j'arrête cinq minutes. Vous, vous allez continuer à vous battre et moi, je vais faire des tours de terrain. » « Et, chez les jeunes, quand il y avait un avant trop bagarreur, je lui ordonnais de passer à l'aile le temps de se calmer. Que veux-tu ? Quand ils sont cons et qu'ils veulent se battre, ce n'est pas facile. » Et c'est un connaisseur qui en parle !

Bien entendu, Georges Domercq endura tous ces tourments et dirigea ces matches de tristes dimanches d'hiver avant d'être reconnu comme le meilleur et d'être choisi pour arbitrer le légendaire match entre les Barbarians et les All Blacks, en 1973, à Cardiff (23-11). Un monument de rugby, une ode au jeu de balle, très largement inspiré par les Gallois, dépositaires à l'époque d'un rugby de rêve qu'aucune équipe européenne n'a égalé par la suite. « J'ai eu la chance de diriger ce match, raconte Georges Domercq. Arbitrer à ce niveau, c'était un vrai bonheur : la liberté du jeu dans le cadre des règles. » Seul bémol, une remarque d'Alex Wyllie, le troisième-ligne néo-zélandais : « J'ai un seul reproche à vous faire, M. Domercq, c'est de ne pas avoir arrêté plus souvent le jeu. Par moments, ça allait trop vite ! »

Après Cardiff et ce match de légende, direction Aguilera le samedi suivant pour un match de cadets entre Biarritz et Dax. « On avait dit aux gamins la chance qu'ils avaient d'être dirigés par l'arbitre de Cardiff. Blanco m'en a parlé souvent. Je suis revenu sur terre, car j'ai dû supporter de nombreuses contestations. »

Ainsi était le lot hebdomadaire de Georges Domercq, longtemps maire de Bellocq, dans le Béarn, ainsi que de tous ses collègues. Les dimanches après-midi n'étaient pas toujours riants avec des équipes prêtes à tricher, des joueurs qui jouaient au chat et à la souris avec les arbitres et avec un public qui hurlait sans cesse contre eux. « Néanmoins je peux dire que je me suis bien amusé, raconte Georges Domercq. Que de bons souvenirs ! Que d'aventures étonnantes ! »

Ainsi ce match URSS-Italie, du temps où Pierre Villepreux était l'entraîneur des Italiens. À Moscou, en plein dans l'ère de Brejnev. « Moi qui avais rêvé de Nathalie [allusion à la chanson de Bécaud], on m'avait mis un guide en permanence, qui me suivait partout. Nous étions en 1980, année du boycott des Jeux olympiques. J'ai été très bien reçu. Mais très surveillé aussi. On m'a payé mes frais de déplacement en roubles, qui m'ont juste suffi à payer les timbres des cartes postales. Et on m'a offert un samovar, trois boîtes de caviar et de la vodka. »

Au stade, on dégageait encore la neige deux heures avant le coup d'envoi, de peur que l'arbitre annule le match. Dans le couloir des vestiaires, un officiel s'est approché de lui pour lui poser quelques questions : « Il connaissait tout de moi. "En qualité de maire de votre ville, est-ce que vous auriez autorisé le déroulement d'un match avec une équipe sud-africaine dans votre stade [Allusion à un match entre Dax et le Transvaal, joué quelque temps plus tôt] ? – Non." Il était ravi. L'URSS a gagné 6-3. Cependant j'ai dû refuser un essai aux Italiens, car le juge de touche soviétique avait levé son drapeau pour un passage en touche très discutable. »

Dans un autre registre politique, Georges Domercq se sentit un peu dans la peau d'un otage à l'occasion d'Angleterre-Galles, en 1976, à Twickenham. « Le directeur de la sécurité nationale s'est présenté à moi dans mon vestiaire : "Aujourd'hui, le patron, c'est moi. On craint un attentat de l'IRA. À un moment donné, je risque de venir au bord de la touche. Il faudra alors faire vite rentrer les joueurs au vestiaire." » Une menace qui n'empêchera pas les Gallois de l'emporter (21-6).

Avant Cardiff, Twickenham, Moscou, Dublin, Murrayfield, il y eut des rendez-vous plus modestes, en début de carrière, avec cette finale de troisième division à Tartas, entre Mirande et Libourne. « Il faisait bon au milieu de cette forêt, se souvient-il. Les vestiaires étaient sous les tribunes en bois des Landes. Les toilettes étaient dans une petite cabane à l'extérieur, à une soixantaine de mètres. J'ai tiré la porte, fermé. Clac. Impossible de rouvrir, de m'échauffer. Les deux équipes attendaient. Et tout le monde cherchait l'arbitre. Heureusement, une mamie est venue aux toilettes pour son petit-fils. Elle a entendu taper. Elle a donné l'alerte : "Il y a quelqu'un enfermé dans les toilettes. C'est l'arbitre." Il a fallu aller chercher un serrurier. Et la foule de scander : "L'arbitre, aux chiottes ! L'arbitre aux chiottes !" Voilà comment je fus accueilli pour donner le coup d'envoi avec quelques minutes de retard. » Et le coup d'envoi d'une carrière exceptionnelle.

40

PORTHAULT, DE WEMBLEY À TWICKENHAM

Il y a toujours eu des passerelles entre le rugby et l'athlétisme. Pour une raison très simple, c'est que, à l'époque que nous évoquons, les joueurs de rugby, sitôt la saison finie, enchaînaient avec l'athlétisme pendant l'été. Par voie de conséquence, certains athlètes rapides, agiles et forts venaient, eux aussi, s'adonner au rugby pendant l'hiver.

C'est ainsi qu'Alain Porthault, sprinter sélectionné pour les Jeux olympiques de Londres en 1948 et d'Helsinki en 1952, changea de section au Racing et s'en vint tâter du rugby comme ailier. Avec un certain succès puisqu'il disputa une finale avec le Racing en 1950 contre Castres et joua sept fois en équipe de France.

Bien avant Porthault, il y eut d'autres exemples de champions qui s'illustrèrent en rugby et en athlétisme. En France, l'ouvreur Frantz Reichel (400 m et 110 m haies), l'ailier Pierre Failliot (100 m), l'arrière André Chilo (triple saut), participèrent aux Jeux olympiques en athlétisme. Le deuxième-ligne Raymond Paoli concourut en athlétisme, en lutte et en aviron ; il a remporté à 13 ans, comme barreur, une médaille de bronze aux Jeux de Paris en 1900. Mais le « King », ce fut Géo André. International sous les couleurs du Racing, il fit le décathlon, le pentathlon et le 100 m haies aux Jeux de 1912 et prononça le serment olympique aux Jeux de Paris en 1924.

Cette même année, l'ailier de l'équipe d'Écosse Eric Liddell devint champion olympique du 400 m aux Jeux de Paris. Et, beaucoup plus tard, le troisième-ligne ou pilier de Cognac René Biénès (javelot) et le troisième-ligne de Bègles Daniel Héricé (décathlon) furent également internationaux en athlétisme.

Demi-finaliste du 100 m à Wembley en 1948, en 10"7, membre du relais 4 x 100 m disqualifié pour perte du témoin, Alain Porthault imita très vite son adversaire direct Ken Jones, médaille d'argent du relais 4 x 100 m avec la Grande-Bretagne, passé au rugby avec le pays de Galles. À la différence de Ken Jones, qui se consacra ensuite uniquement au rugby,

Porthault réussit tout de même à se qualifier pour les Jeux d'Helsinki en 1952. Demi-finaliste du 100 m, il fut cinquième avec le relais 4 x 100 m avec Bonino, Camus et Bally.

En France, il n'y avait pas beaucoup d'ailiers avec une pointe de vitesse pareille. Pour tout dire, il n'y en avait pas. À la vérité, il est convenable de rappeler qu'à cette époque les ailiers n'étaient pas surchargés de travail, ni abreuvés de ballons. Porthault, lui, dans le moindre couloir, plaçait une accélération, un coup de reins, et bonsoir Clara ! Dès le début il commença à affoler les défenses du championnat. Et Gérard Dufau, l'élégant et astucieux demi de mêlée de l'équipe de France et capitaine du Racing, comprit tout le bénéfice que pourrait retirer son équipe d'une telle « gazelle », puisque c'est le surnom qu'on lui donna très rapidement.

Le jour de la finale contre Castres en 1950, à Toulouse, le Racing, dans lequel figurait en deuxième ligne Christian Guilbert, sept fois champion de France d'aviron, père d'Alain – le deuxième-ligne de Toulon et de l'équipe de France –, attaqua de tous les coins du terrain, prit tous les risques. Porthault marqua un essai de 70 mètres aux Castrais en reprenant un ballon au rebond. Ce qui lui valut une grande photo dans le journal *Radar*, spécialisé dans les affaires de mœurs, de crimes et de bandits. Le journal avait-il vu dans cette action un hold-up ? Il en planta un deuxième sur contre-attaque, qui ne suffit pas au Racing pour gagner (défaite, 11-8). Alain Porthault, qui portait de gros protège-tibias à l'image des joueurs de football, frappait à la porte de l'équipe de France.

Comme l'essentiel des sélectionneurs était composé d'anciens joueurs du Racing, Porthault ne pouvait pas échapper à l'équipe de France. Avec cette finale, il leur avait tapé dans l'œil. Même si la défense n'était pas son point fort et, à vrai dire, sa préoccupation majeure. « Il caresse plus l'adversaire qu'il ne le frappe, écrit le Prix Goncourt 1931 Jean Fayard. Il donne l'impression d'un piéton des Champs-Élysées cherchant la protection d'un passage clouté. Sur le terrain, il semble une gazelle égarée dans un pâturage de buffles. »

Il est sélectionné pour le premier match du Tournoi contre l'Écosse, en 1951, une année qui aura son importance. Avec Lucien Mias, qui débute aussi, ils marquent un essai chacun. Et la France l'emporte (14-12). Mias, pas encore 21 ans, caractère bien trempé déjà, est tout le contraire de Porthault, 21 ans à peine, pas très expansif, un peu renfermé. Porthault donne l'impression de ne pas être concentré sur le jeu, comme si le rugby n'était pour lui qu'un passe-temps, alors que pour des coéquipiers comme Prat, Basquet, Matheu, Alvarez, c'était plus qu'un jeu.

« Il ne semblait pas passionné, se rappelle Lucien Mias. Il était discret, timide, secret, même. Il est vrai qu'à l'époque le trois-quarts aile n'était pas très concerné par le jeu. Mais je m'étais mis en colère contre lui, parce qu'en touche ça ne fonctionnait pas. J'en parle à Lerou, le patron de l'équipe de France. Je râlais, car les ballons n'arrivaient pas bien. Et Lerou qui me répond : "Mais ce n'est pas lui qui les fait en club." Désarmant. C'était Lerou, le patron du Racing, et il laissait faire les lancers en équipe de France à Porthault. C'était à ne rien y comprendre. Et le pauvre Porthault n'osait rien dire. Si ce n'est qu'il se confondait en excuses. Je ne lui en voulais pas, bien sûr. Il était vraiment gentil. Touchant, même. »

Est-ce pour cela qu'il fut viré pour le match suivant en Irlande ? Avec ce genre de sélectionneurs, allez savoir ! Toujours est-il qu'il était toujours remplaçant et dans les bagages du XV de France pour le troisième match contre l'Angleterre, où les Français n'avaient encore jamais gagné. Noyés sous la pluie depuis des jours et des jours, les sélectionneurs ont composé une équipe pour aller dans le lourd. Mais deux jours avant, le beau temps revient. Une heure avant le match, alors que les joueurs s'habillent dans le vestiaire, ils décident de changer l'équipe pour privilégier le jeu d'attaque. Ils demandent à l'ailier montferrandais Dacien Olive et l'ouvreur agenais Jo Carabignac, qui sont pratiquement en tenue, de donner leur maillot à Alain Porthault et au Tyrossais André Alvarez. Consternation dans le vestiaire. « Que voulez-vous, on ne disait rien, dit Alain Porthault. On baissait la tête et on obéissait, même si je sentais bien que c'était injuste. Franchement je ne m'attendais pas à ça. » C'est ainsi que la France remporta sa première victoire à Twickenham (11-3).

« Olive m'en a voulu, raconte Porthault. Pourtant je n'étais responsable de rien. Mais je le comprends. Eux, les gars du Sud-Ouest, ils vivaient intensément leur rugby. Nous, les gars de Paris, on leur volait la vedette en quelque sorte. On donnait l'impression de déranger leur belle ordonnance. Quelque temps plus tard, j'ai rencontré Olive, lors d'un match contre l'ASM. Ce fut musclé. Après le match, il m'a avoué qu'il aurait voulu me passer, me bouger, même si je n'étais pas responsable de ce qui s'était passé à Twickenham : "Je regrette ce que j'ai pensé de toi tellement je t'en voulais. Maintenant j'aimerais jouer un match avec toi." »

L'occasion se présentera, l'année suivante, à Dublin. Ce sera le dernier match pour Olive. Porthault, lui, fera les Jeux d'Helsinki, puis un dernier petit tour en 1953, contre l'Écosse et l'Irlande. Il n'avait que 23 ans.

PARTIE 5
GÉANTS

41

MIAS, LA LIBERTÉ GUIDANT LE PEUPLE

La phrase de Robert Vigier, son talonneur préféré, son ordonnance, son lieutenant, résume tout : « Un hurlement de Mias nous transformait en homme-suicide. » Voilà pourquoi Lucien Mias est devenu le grand capitaine de l'équipe de France vainqueur des Springboks en 1958, en Afrique du Sud, le grand timonier du rugby français pour tout Sud-Africain, tout Néo-Zélandais, tout Gallois qui l'a rencontré sur un terrain. Et l'on ne vous dit pas en dehors, tellement le « Docteur Pack », deuxième-ligne de Mazamet, instituteur puis médecin, a impressionné par son intelligence, sa parole, sa grande gueule aussi, et son humanisme.

Dans tout ce qui touchait au rugby, sa parole portait. À la Fédération française de rugby, il avait très vite mis à dix mètres les administratifs, disant notamment à l'envahissante secrétaire Mme Annette : « Occupez-vous de la Fédé et des licences, l'équipe de France, je m'en charge. » Et au sortir de la finale de Mazamet perdue contre Lourdes (25-8), en 1958 – le plus gros score depuis Bayonne-SCUF (31-8) en 1913 –, le dépit l'avait poussé à apostropher virilement Jean Prat, baptisé « Monsieur Rugby » par les Britanniques, et qu'il considérait néanmoins comme un joueur exceptionnel : « Tu n'es pas Monsieur Rugby, tu es Monsieur Anti-Rugby ! » À quoi Prat lui avait répondu : « Si on t'enlève la gueule, tu n'as plus rien. »

Le seul qui lui fit fermer sa gueule ce fut son frère aîné, Jean, qui lui avait demandé de faire le « quinzième » comme deuxième-ligne avec l'Étoile Sportive Narbonnaise lors d'un match à Capendu. Il avait 16 ans. Bien entendu, c'est le nez qui prit d'entrée. Et de se mettre en colère : « Je ne joue plus à ce jeu. » Et Jean l'a obligé à rester sur le terrain. « J'ai boudé mais j'ai écouté le grand frère. » Deux ans plus tard, avec les juniors contre les Gallois, à Cardiff, (11-3), il fit connaissance avec cette célèbre phase de jeu appelée « dribbling » qui consistait à se jeter sous les crampons des avants adverses. « Au moins, cela a contribué à me soulager d'un anthrax dans le dos. » Puis, en 1950, il y eut la signature à Mazamet, avec une autorisation paternelle dûment signée, et très vite un France B – Combined Services (3-0) à Buffalo, où Georges Carpentier avait perdu son titre de champion du monde de boxe face à Battling Siki, en 1922. Et l'année suivante, à 20 ans et 3 mois, ce fut la première sélection contre l'Écosse (victoire 14-12 avec un essai de Mias), et les séjours à l'hôtel Louvois, lieu de rassemblement des Français, près du Louvre, où il tomba en extase devant *La Liberté guidant le peuple* d'Eugène Delacroix.

Première *Marseillaise* à Colombes. « Je suis resté ahuri puis j'ai chanté. C'est là que j'ai compris que ce n'était pas seulement un jeu pour certains, mais un devoir national de défendre l'honneur du pays. Pour partir avec l'équipe de France au-delà des frontières, il me fallait une autorisation spéciale du directeur de l'École normale. »

Passa là-dessus la terrible défaite contre les Springboks (25-3), en 1952 : « Mon après-midi la plus désastreuse de ma carrière. C'est là que j'ai compris que le rugby qui gagne doit être dépouillé de toute fantaisie. Sans préparer la part de risque que l'on croit acceptable dans toute construction offensive, on court à l'échec. » Puis, en 1954, il y a la victoire sur les All Blacks (3-0) : « Un miracle. Les All Blacks avaient bien profité du Paris nocturne pendant leur séjour. Merci à Pigalle qui avait émoussé leurs réflexes. C'est vrai que le kiwi est un animal nocturne. » Et c'est le moment que choisit Lucien Mias pour avertir la Fédération qu'il ne serait plus disponible pour jouer en équipe de France. Il cessait son activité d'instituteur qu'il affectionnait particulièrement pour commencer des études de médecine. Il continua à jouer avec Mazamet et fut même champion de France universitaire avec la faculté de médecine de Toulouse. En qualité de réserviste, il fut même envoyé plusieurs mois en Algérie, à El Biar, dont l'équipe de football se couvrit de gloire en 1957 en éliminant le grand Reims (2-0) en seizième de finale de la Coupe de France. Il bénéficiera même d'une permission spéciale pour passer un examen de rattrapage.

Pendant tout ce temps, inspiré par son entraîneur de Mazamet, Honoré Laffont, Lucien Mias réfléchit beaucoup sur le rugby. « Dominer l'adversaire est du ressort de la combativité organisée. Pas besoin d'être brutal et violent dans le but de détruire l'adversaire. L'apologie du "faire peur" délivrée dans les journaux d'avant-match me garantissait de la violence en bosse si on s'opposait. Les échecs m'ont toujours servi pour progresser, alors que les victoires m'ont surtout servi pour trinquer en l'honneur de l'événement. J'avoue que j'ai toujours eu du mal avec ces expressions, "jeu à la française", "jeu à la bayonnaise". "La classe", je n'ai jamais pu en déchiffrer le sens exact. »

Pendant cette période universitaire, on l'avait presque oublié. L'équipe de France ne tournait pas très rond, en cette année 1957 : cuillère de bois dans le Tournoi. Au mois de novembre, le président de la Fédération, René Crabos, va voir jouer Dax-Mazamet (0-14), à Dax, avec une petite idée derrière la tête. Mias accepte de rejouer avec l'équipe de France, le mois suivant, contre la Roumanie, à Bordeaux. Le jour et la nuit. Michel Celaya demeure le capitaine, Mias s'impose naturellement comme le leader. « On va privilégier de plus en plus le combat en mouvement », explique-t-il à ses coéquipiers, qui se sont tout de suite ralliés à sa philosophie. C'est le célèbre demi-tour contact avant la passe, avec du jeu de mouvement initié sur la touche pour aller à l'intérieur de la zone du demi d'ouverture, zone libre de défenseurs. Battus difficilement 18-15 au mois de mai, à Bucarest, les Roumains sont atomisés 39-0.

Mias est de retour. Les Springboks vont faire connaissance avec lui et son équipe. Celaya blessé, c'est lui qui sera le capitaine au Cap (3-3) et à Johannesburg (5-9) pour le plus grand exploit de l'histoire de l'équipe de France : première fois que les Springboks perdent une série de tests chez eux. Avant le départ de France, le président René Crabos s'était adressé en ces termes aux joueurs : « Si vous pouvez gagner un ou deux matches, ce sera parfait. » « Oubliez ce que le vieux vous a dit : on va là-bas pour tout gagner. » Ils ne gagneront pas tout, mais sur dix matches ils n'en perdront que trois et feront deux nuls.

1958, le retour du général de Gaulle, la France troisième à la Coupe du monde de football en Suède, le début de la crise de Berlin, le traité de Rome, la révolution de Fidel Castro, et le succès de l'équipe de France en Afrique du Sud. Comme l'a écrit mon ami Jean Cormier, « Mias s'est révélé comme un humaniste ovalien qui connaissait le prix de la transpiration ». Dès le premier match, à Salisbury, gagné contre la Rhodésie (19-0), Mias prit les affaires en main. Avec Serge Saulnier comme manager, il avait tout de suite senti qu'ils étaient partis dans une véritable aventure. Celui-ci donna le ton dans son discours de bienvenue. Mias n'a jamais oublié.

« “À la fin de la dernière guerre, à la conférence d’Ottawa, un représentant sud-africain, a déclaré que la France avait cessé d’être une grande puissance. Vous aurez le pouvoir de démontrer que la France est toujours une grande puissance. Maintenant sachez aussi que la ségrégation raciale est totale. Il n’est pas question de parler à un Noir dans la rue, d’accoster une Noire ou même de lui sourire. C’est la prison et on ne pourra rien.” Personne n’est sorti indemne de cette tournée. Chacun de nous savait qu’à notre retour il nous faudrait témoigner de cette situation dramatique, de ces tribunes réservées aux Noirs, des bus pour Noirs, des bancs pour Noirs dans les parcs… »

Quand les Français en eurent assez de charger, d’entasser les blessés, ils firent front. Après le deuxième match, il y avait déjà sept gars au tapis et bientôt Vannier allait se faire opérer d’un genou et Lepatey de l’appendicite. Mias a fini par péter les plombs après un K.-O sur Vigier, non sans avoir essayé au préalable d’expliquer à l’arbitre, dans son anglais scolaire, qu’il allait lâcher les chiens. « Lucien avait toujours raison, dit Jean Barthe, qui dynamita tous les packs sud-africains. Il pouvait remettre les morts debout et vous armer jusqu’aux dents. » Dès lors, l’affaire se régla non pas à la régulière, mais à l’équilibre.

Dans *Le Grand Combat du XV de France*, Denis Lalanne a merveilleusement raconté l'épopée de cette équipe de France et a sublimé l'exploit du rugby français en pleine aventure glorieuse de l'équipe de France de football, avec ses Kopa, Fontaine, Piantoni, battue par le Brésil du jeune Pelé. La confirmation viendra l'année suivante avec la première victoire, seule, de la France dans le Tournoi. Et ce malgré un match nul (3-3) en Angleterre, qu'une blessure l'avait empêché de jouer. En voyant la mine renfrognée des dirigeants dans le bus de retour du stade, il s'exclama tout fort : « Alors, on ne chante pas ? Vous leur demanderez combien de fois ils ont fait match nul à Twickenham ! »

Les critiques sur la façon de jouer, il n'en avait que cure. Il montait vivement au créneau quand on reprochait à cette équipe de ne pas attaquer « à la française ». Il bouillait. « Mais qu'est-ce que c'est, l'attaque ? Nous les avants, nous attaquons dans le plus petit périmètre, là où la densité d'adversaires est la plus haute, nous progressons là où les mètres sont les plus difficiles à gagner. J'appelle cela du concentré d'attaque. De l'attaque à l'état pur. Notre méthode de jeu ne supporte pas les individualistes. Le repli sur soi-même des individus au sein d'un groupe, le silence dans l'association conduit à l'échec et à la rupture. Il est de surcroît infiniment déprimant. Il n'y a pas d'équipe sans chorus. Il faut faire abstraction du *moi* pour le plus grand éclat du *nous*. »

Mias est un héros, avant de devenir plus tard une légende. *Paris Match* vient faire un reportage sur lui. Même *Détective*, journal de faits divers scabreux, s'intéresse à lui. Mais il refuse cette interview : « Ce n'était tout de même pas un crime de gagner le Tournoi ! »

En 1960, il devient médecin. En 1961, il soutient sa thèse : « Accidents musculaires des joueurs de rugby ». Il fait la Une de *La Dépêche du Midi* en prêtant serment. « À l'époque, si on ne pouvait pas jouer, on attendait que la guérison arrive. Les médecins ne s'intéressaient pas aux accidents musculaires. À Mazamet, mon copain de l'équipe de France l'ailier Jacques Lepatey allait voir un rebouteux. Il avait un talent de psychologue, des mains d'or et il faisait remarquablement les grives rôties. »

Fini le rugby ! Le docteur Mias a pignon sur rue à Mazamet et se destine à la gériatrie. Il s'investit dans la vie civile. L'alpiniste Lionel Terray s'étant tué dans un accident de montagne en 1966, il est choisi pour le remplacer dans le Conseil national de l'ordre du Mérite créé en 1963, aux côtés de Wladimir d'Ormesson, l'oncle de Jean. Il y passera dix ans. Il sera promu commandeur par le général de Gaulle qui l'avait déjà reçu en 1959 avec son équipe à l'Élysée. En mai 1969, il est convié à la cérémonie d'investiture du nouveau président Georges Pompidou. Il sera également aux obsèques de ce même président à Notre-Dame.

Comme tous les anciens joueurs, Lucien Mias est passé par la case chirurgie pour remettre en état de marche la bête bien entamée pendant la carrière. Il a laissé des tas de trésors dans le musée du rugby. Et en héritage un beau message aux jeunes générations :

« J'ai zappé tous les matches, toutes les sensations d'avant, d'après et pendant la partie. J'ai oublié les séries, les victoires, les défaites, les gueules de bois, les matins blêmes, les nuits de folie, les blessures, les pansements, les bruits des crampons dans le couloir. En revanche je me souviens de tous ceux avec qui j'ai joué et je suis émerveillé de revoir ces visages découverts à 20 ans. L'essentiel est que nous ayons ensemble vécu une vie pas banale. Nous avons été et nous resterons des patrouilleurs de l'espace avec, accrochée au cœur, cette devise : "Soyons bons ou soyons mauvais, mais ne soyons jamais médiocres." »

Quelle chance ! Quel bonheur que le rugby français ait eu un tel capitaine. Mias restera pour toutes les générations futures notre « Liberté guidant le peuple. » Un héros, une légende, ce qui lui vaudra cet hommage appuyé d'Antoine Blondin : « Au cœur du patrimoine, la tradition de Mias rejoint le cartésianisme, les taxis de la Marne, le panache blanc de Henry IV et les cuisses de grenouilles. »

42

DAUGA, LE PIN DÉRACINÉ

Il y a comme ça des prénoms qui suffisent à identifier les personnes. Jules pour César, Wolfgang pour Mozart, Nelson pour Mandela, Winston pour Churchill. Quelquefois le nom a laissé place au prénom. Ainsi Bonaparte est devenu Napoléon. D'autres encore ont échangé leur nom pour un surnom, tel Edson Arantes do Nascimento plus connu sous l'appellation de « Pelé ».

En rugby, Benoît, c'est Dauga, comme Walter, c'est Spanghero. Mais qu'est-ce qu'il avait de particulier ou plus exactement d'extraordinaire ce Dauga pour se faire aussi vite un nom puis un prénom ? Avant de devenir une vedette, comme on appelait les stars à l'époque, et un personnage public, que l'on désigne aujourd'hui sous le vocable « people », Benoît Dauga était un immense joueur. Un énorme deuxième-ligne, redouté par tous ses adversaires et reconnu comme un grand parmi les grands. Dans les compliments d'usage, la reconnaissance de ses pairs compte plus que tout. « Si on le perdait, disait admiratif Jean Prat, l'entraîneur de l'équipe de France, ce serait une catastrophe. » Un tel aveu de la bouche de Jean Prat, porté sur les valeurs essentielles du jeu en équipe, en dit long sur la qualité de Dauga.

Finalement, ce fut plutôt une catastrophe pour le basket français d'avoir perdu Benoît Dauga. Car, dans son petit village de Montgaillard dans les Landes, il jouait au basket, le sport du patronage. Avec son frère aîné, Francis. Ses aptitudes naturelles n'ont pas échappé aux techniciens régionaux du basket. Robert Busnel, entraîneur de l'équipe de France médaille d'argent des Jeux olympiques de Londres, en 1948, l'invite à un stage à l'INS à Paris. Il a 16 ans. Il est convoqué de nouveau à Paris et à Antibes. Déjà il s'interroge pour savoir s'il ira jouer à Bordeaux ou à Toulouse. L'Armée décidera pour lui. En effet son frère est mobilisé et part pour vingt-huit mois en Algérie. Et il faut des bras à la ferme. Au lieu de le voir végéter, son ancien instituteur pense que son potentiel s'exprimera davantage au rugby. Il le dirige vers le club voisin de Saint-Sever.

Affecté plus tard au Bataillon de Joinville, il a la surprise de voir débarquer une belle voiture à la ferme familiale. MM. Dassé et Desclaux, président et entraîneur de Dax, essaient de le convaincre de signer à Dax. René Crabos, président de Saint-Sever et de la FFR, prêche pour sa paroisse et lui conseille de rester à Saint-Sever. « Et puis je n'ai plus eu de nouvelles de qui que ce soit, raconte Benoît Dauga, d'un tempérament méfiant et d'une grande timidité. Jusqu'à ce que Camille Pédarré et Fernand Cazenave, président et entraîneur de Mont-de-Marsan, se présentent dans la cour de la ferme. »

L'herbe était-elle plus tendre dans la préfecture que dans la sous-préfecture ? Est-ce parce que Mont-de-Marsan était plus proche que Dax (moitié moins de kilomètres) ? En tous les cas ce n'est pas le titre de champion de France remporté face à Dax, en 1963, qui le décida, puisqu'il avait signé bien avant. Il semblerait que l'aura des frères Boniface et de Christian Darrouy ait fait la différence. Voilà donc Dauga qui entame sa carrière chez le champion de France à l'aube de la saison 1963-1964. Quatre mois plus tard, il enquille en équipe de France en Écosse (10-0). Il dépassera Jean Prat (51 sélections) puis battra le record de Michel Crauste (62) avec 63 matches.

Et c'est en Afrique du Sud, au mois de juillet, qu'il se révélera au grand public international. Danger, la paire de deuxième-ligne Dauga-Spanghero arrive sur la scène internationale ! Il y avait eu la paire Soro-Moga après-guerre, mais celle-ci va la surpasser. « Tous les deux étaient des cas spéciaux, dit encore Jean Prat. Pourquoi a-t-on voulu les séparer et les opposer ? Pourquoi a-t-on voulu en faire des numéros huit alors qu'ils se complétaient si bien en deuxième ligne ? »

L'Afrique du Sud a singulièrement marqué la carrière de Benoît Dauga. C'est là-bas qu'il forgea son caractère de combattant, de grand joueur de touche, de joueur de grand champ eu égard à sa pointe de vitesse, qui faisait le bonheur de ses ailiers et le malheur de ceux du camp d'en face. Marcel Batigne, président de la Fédération, directeur de la tournée de 1967, disait : « En Europe on livre des combats de coqs, en Afrique du Sud, des combats de lions. » Dauga, forcément, était de la race de ces grands fauves. Dans la fournaise de la grande bagarre de 1971 à Durban (8-8) face à Frik du Preez et consorts, il s'affirma comme un leader de combat à la mesure de son modèle Michel Crauste et un capitaine de haute lignée. Christian Carrère, capitaine en titre, était blessé, Jean Trillo, capitaine du premier test perdu à Bloemfontein (22-9), ne voulait plus de la fonction. Le match allait de bagarre en bagarre. Un vrai combat de lions. Jo Maso sort sur blessure. Claude Dourthe, qui le remplace, chausse un Sud-Africain. Subitement c'est le feu dans la prairie. « Ce fut une bagarre énorme. C'était méchant, raconte Benoît Dauga. Cela a duré au moins trois minutes. Un round dans un match de rugby, c'est très long. Finalement on se calme, on discute. On reprend. Biémouret passe à côté d'un gars dans un regroupement et lui donne un coup de pied. C'est reparti. Pénalité contre nous. *Up and under* (chandelle). Bastiat est cassé en deux et gît au sol. Je m'attrape avec Du Preez. Nouvelle discussion avec le capitaine Marais : on continue ou on joue au rugby ? »

En 1990, je fus le témoin des retrouvailles entre Frick du Preez et Benoît Dauga, voulues par Danie Craven, le père du rugby sud-africain. À voir le bonheur de ces deux géants avec Colin Meads en prime, et Gareth Edwards comme témoin, je me suis souvenu que le rugby est bien le seul sport d'équipe où « l'on se rencontre », selon les propres termes de Lucien Mias. Sur et en dehors du terrain, cela va de soi.

Denis Lalanne avait appelé Dauga, le « Gary Cooper de ces dames ». À Paris, c'est vrai, il a acquis une belle notoriété. Les rendez-vous du Tournoi avaient lieu à *L'Auberge basque* chez l'ami Johnny Roure et au *Courrier de Lyon*, le point de chute des Hussards et de son grand ami Antoine Blondin. Quand Benoît ouvrait la porte de l'établissement des époux Savy, c'était un cri du cœur de la part d'une bande de jolies filles : « Ciel, notre mari ! »

Au même titre que son grand ami de virées Guy Boniface, trop tôt disparu le 1er janvier 1968 dans un accident de voiture, Dauga est devenu un personnage de la nuit parisienne, de chez *Tony* et surtout de chez *Castel*, rue Princesse. Il aime tellement Paris qu'il répond à toutes les invitations de ses amis du PUC pour des matches de gala internationaux. Il ira même faire une tournée avec eux en Afrique du Sud. Paris, il y revenait toujours. Quand il était capitaine, il terminait son discours par la sempiternelle phrase : « Merci messieurs. Paris est à vous. » Il est l'ami d'acteurs de cinéma, d'intellectuels, de people en tout genre qui se pressent chez *Castel*. Pierre Perret l'a même mis en vedette dans une chanson, « Vive le XV » : « Y avait déjà le grand Benoît / Qui s'était fait mordre les noix / Par un salopard d'Écossais / Qui voulait monter à l'essai / Mais le Benoît vous l'connaissez / Il l'a tendrement enlacé / Et le rosbif tout étonné / Crachait son foie comm' du pâté. »

Et puis, au moment où les feux de la rampe s'éteindront, c'est-à-dire lorsque les sélectionneurs le jetteront comme un malpropre sans le moindre égard, le mauvais sort s'acharnera sur lui. À la blessure morale viendra s'ajouter l'accident qui faillit être tragique. Le 12 janvier 1975, à Mont-de-Marsan, il dispute un match de championnat contre Dijon. Nous sommes loin des canons de dureté des parties d'Afrique du Sud. En voulant plaquer le deuxième-ligne dijonnais André Oudanovitch, sa tête heurte la hanche de celui-ci. Combien de plaquages de ce genre il a administré depuis ses débuts à Saint-Sever ? Et des plus sévères même. Il reste inerte sur le terrain. Le pin landais est déraciné à tout jamais. Les secours arrivent. Immobile, il peut parler : « Ne me touchez pas ! Je suis paralysé. » « Je n'avais que les yeux qui bougeaient », raconte-t-il.

Heureusement les secours ont été rapides et surtout avisés. On contacte aussitôt le professeur Sénégas à l'hôpital Pellegrin, à Bordeaux, spécialiste du rachis cervical. Accessoirement ancien pilier de Béziers et de Bègles. Sénégas le réceptionne à l'hôpital. Trois semaines plus tôt, il a admis dans ses services le pilier du Racing, Georges Magendie, tétraplégique à la suite d'un plaquage subi contre Saint-Médard-en-Jalles. Dauga va se retrouver à côté de lui en salle de déchocage. Magendie va mourir quelques jours plus tard. On ne le dira pas à Dauga. Sénégas vient à son chevet. Dauga espère des mots de réconfort. Sénégas les prononcera : « Ce que je peux t'assurer, c'est que tu ne rejoueras plus. Pour le reste, je peux aussi t'assurer que tu vas te débrouiller. »

Dauga ne le croit pas. Sénégas a réussi à lui réduire la luxation de la troisième vertèbre cervicale. Que de longues journées, entrecoupées de visites, de nuits à regarder le plafond et à compter les heures, avant de sortir et de partir en rééducation ! À Deauville, je l'ai vu marcher de nouveau, faire de la gym en eau de mer, essayer de faire passer une ficelle dans des trous de perles. « Que veux-tu, les accidents de la route sont plus nombreux qu'en rugby. Ce n'est pas de chance, c'est tout. » Patience, patience. Son capitaine Christian Carrère, que le mauvais sort n'épargnera pas bien des années plus tard sous la forme d'un AVC, lui tend la main. Rétabli, Benoît se relance dans la vie professionnelle. Et pas n'importe où. Chez Ricard, et plus précisément au château Ricard, à Clairefontaine, à portée de drop du Centre national du football.

Pendant des années, il s'occupa de générations de joueurs de l'équipe de France, qui venaient préparer dans ce havre de paix les matches du Tournoi ainsi que les tests contre les équipes en tournée.

Organisant au passage la visite de grands chefs tels que Constant, Dutournier ou Savoy, qui venaient leur concocter des repas de gala. Comme il avait été lui-même un joyeux drille et un sacré oiseau de nuit, il veillait paternellement sur les joueurs. Il leur évitait tous les tours de cons, au point qu'il finit par interdire les sorties à cheval, certains comme Roland Bertranne ou Jean-François Tordo se montrant un peu trop audacieux. Laurent Pardo, qui voulut les imiter, resta un jour suspendu à un arbre. Terminé le cheval à Clairefontaine. Le ball-trap, c'était moins dangereux. Mais il ne pouvait pas leur supprimer la voiture dont les réservistes avaient besoin pour loger aux écuries, où ils organisaient des casse-croûte épiques. « Quelquefois, le matin, au petit déjeuner, je sortais et je touchais le capot de la voiture. S'il était chaud, je savais qu'ils étaient sortis à Paris et rentrés au petit matin. »

Il a eu à gérer également la visite du président Mitterrand en hélicoptère. Huit jours de tracas et d'organisation. Le château Ricard était en état de siège. « Il y avait des tireurs d'élite partout. Une seule télévision était admise dans le petit salon de réception. Et personne d'autre. Aucun journaliste dans le château lui-même. Tout se passe bon enfant. Et Mitterrand comprend bien qu'il y a des invités de Patrick Ricard et des journalistes qui trépignent. Soudain, il me dit : “Laissez entrer tout le monde !” Une vraie mêlée. Je pense qu’à ce moment-là les services de sécurité ont dû s’inquiéter. Il est resté deux heures. »

Dans la mêlée, pas un seul en-avant, pas une seule pénalité, aucun carton jaune ou rouge. Comme en Afrique du Sud avec Frik du Preez, le grand Benoît veillait.

43

DESTINS DE ROIS

L'adage est bien connu de l'autre côté de la Manche. Dans la Navy – autrement dit la marine royale – les hommes de troupe jouent au football, les officiers, au rugby. Bien entendu il s'agit d'un raccourci qu'empruntent un peu facilement les gens de l'*upper class*, l'aristocratie britannique. Néanmoins, il y a un fond de vérité dans cette maxime. Là-bas, le football est devenu assez vite professionnel, même s'il fut très pratiqué dans les écoles et les universités.

Dans le rugby, le schisme intervient en 1895. Le Nord fait sécession, proposant que les joueurs soient autorisés à toucher le manque à gagner pour le temps perdu. Petit rappel historique pas inutile : à la suite de la révolution industrielle au milieu du XIXe siècle, le nord du pays comptait beaucoup plus d'ouvriers qu'à Londres ou dans les autres régions de l'Angleterre.

Que ce soit pour jouer au football ou au rugby, le samedi après-midi, les ouvriers devaient sécher leur journée de travail et n'étaient pas payés. Donc les dirigeants des clubs ont décidé d'indemniser les joueurs et ont institué de facto le professionnalisme. En football, tous les grands clubs se trouvaient dans le Yorkshire et le Lancashire (Manchester, Liverpool, Leeds) et un seul à Londres, Arsenal, les ouvriers travaillant à l'arsenal londonien.

En rugby, les clubs de Londres et du Sud ne voulaient pas entendre parler du professionnalisme. Alors ceux du Nord firent carrément sécession et lancèrent le rugby à XIII, supprimant les deux troisième-ligne aile et la touche, puisque cette phase de jeu, très désordonnée, débouchait presque à tous les coups sur une mêlée. C'est ainsi que le rugby à XIII est né dans les catégories ouvrières des villes du Nord. Et la Rugby Union, sous l'influence des nantis londoniens et des universitaires, a maintenu une politique de fermeté en matière d'amateurisme. Pour jouer et perdre du temps, vous l'avez compris, il faut vivre dans l'aisance et dans un milieu privilégié. Antoine Blondin résumera cela beaucoup plus tard, en affirmant que « les professionnels font du sport pour gagner de l'argent, tandis que les amateurs sont ceux à qui on donne de l'argent pour faire du sport. »

Au Royaume-Uni, on joue au rugby dans les *public schools* – écoles très privées, très chères, réservées aux élites, comme Eton, Harrow et Rugby –, dans les universités, telles que Cambridge et Oxford. Pas étonnant que certains étudiants aient eu une carrière glorieuse en rugby et un parcours professionnel de haute lignée. Pas étonnant que de brillants étudiants venus de Nouvelle-Zélande, tels que Chris Laidlaw et David Kirk, fameux demis de mêlée et capitaines des All Blacks, soient également passés par Oxford.

Avant de faire fortune dans les affaires, Tony O'Reilly fut un très précoce et très brillant trois-quart. À 19 ans, à Dublin, il débute avec l'Irlande au centre contre la France et Maurice Prat (3-5). Ensuite, il glisse à l'aile où son gabarit très inhabituel de sprinter moderne (1,90 m, 90 kg) va faire merveille. La même année, il dispute avec les Lions les quatre tests en Afrique du Sud. En 1959, il joue également les quatre tests des Lions en Nouvelle-Zélande. Il va ensuite rapidement monter les échelons dans ses affaires. Diplômé de marketing agricole, il fait de la marque de beurre Kerrygold une réussite extraordinaire. Pressenti pour être ministre de l'Agriculture, il rejoint la compagnie Heinz à Pittsburgh, aux États-Unis, dont il prendra la direction, avant de s'installer aussi comme un grand patron dans la presse.

Il deviendra un des premiers milliardaires dans son pays. En 1963, il dispute le dernier de ses vingt-huit matches avec l'Irlande, à Cardiff (3-14). Mais il ne coupe pas totalement avec le rugby actif. Il joue par-ci, par-là, quelques matches en Amérique, à Dublin avec son club de Old Belvedere et avec les Barbarians. Très soucieux de sa personne et de sa condition physique, il s'entretient. En 1970, de passage à Londres pour ses affaires, il se rend, le vendredi après-midi, à l'entraînement de l'équipe d'Irlande avec sa Rolls et son chauffeur. Il est ravi. Il revoit ses vieux potes, Syd Millar, Willie John McBride, Ken Kennedy, Mike Gibson, Tom Kiernan, quand le trois-quarts Frank O'Driscoll, le père du futur grand trois-quarts centre Brian, se blesse et doit déclarer forfait. Pas le temps de faire venir un remplaçant. Voilà Tony O'Reilly prié de se déshabiller et de s'entraîner pour répéter quelques combinaisons. Et le chauffeur de la Rolls de rentrer tout seul à Londres pour chercher quelques affaires de toilette et le smoking prévu pour le banquet auquel il avait été invité en qualité d'ancien joueur. À presque 34 ans, O'Reilly va disputer son 29e match avec l'Irlande. Et perdre pour la quatrième fois à Twickenham (9-3).

Dans le même genre, l'Écossais Gordon Waddell eut un destin royal. Demi d'ouverture, fils de Herbert, ouvreur de l'Écosse et des Lions avant-guerre, étudiant à Cambridge, Gordon Waddell, à 25 ans, n'était pas encore bien établi dans la vie, ou plus exactement pas pressé de se poser quelque part. La tournée des Lions en Afrique du Sud, en 1962, arrivait bien à propos pour faire un break de trois-quatre mois avant de rejoindre une banque ou une manufacture quelconque. En dehors des vingt-cinq matches et des entraînements, il fallait bien occuper les temps libres. Ce qui ne manquait pas de faire les délices des joyeux célibataires, tout heureux d'être la cible des regards énamourés de jolies filles en fleurs. Ouvreur lors des deux premiers tests, Gordon Waddell ne manque pas l'ouverture en Afrique du Sud. Est-ce lors d'une réception, dans un bal, à un match ? toujours est-il qu'il rencontre la belle Mary, qui n'est autre que la fille de Harry Oppenheimer. Oppenheimer est le richissime propriétaire de De Beers, le plus gros diamantaire au monde. En 1969, sa fortune est estimée à 2 milliards de francs, et son empire (or et diamant) à 28 milliards de francs ! C'est le coup de foudre.

Gros plaqueur, doté d'un coup de pied de mule, passé par Saint Andrews, Cambridge et Stanford aux États-Unis, Gordon Waddell est un parfait gentleman à la tête bien faite. Il se marie, son beau-père lui offre une Maserati. Il s'installe en Afrique du Sud et intègre la direction de De Beers. Après sa séparation avec

Mary, il reste néanmoins aux côtés de son beau-père, preuve qu'il avait quelque talent de dirigeant.

Harry Oppenheimer entend jouer un rôle dans l'évolution de son pays, enfermé dans l'apartheid. Il crée le Parti fédéral progressiste, de tendance libérale. Gordon Waddell devient député libéral anti-apartheid, ce qui, dans les années soixante et soixante-dix, n'est pas très bien vu dans les sphères ultra-conservatrices. Remarié et fortune faite, Gordon Waddell revint définitivement en Écosse, du côté de Kelso, et se plongea avec affection dans le rugby des Borders.

44

RIPLEY, LA ROCK STAR

Lorsque nous serons tous au « stade des étoiles » selon l'expression consacrée de Lucien Mias, et qu'il s'agira de faire l'inventaire des plus grands numéros huit au monde, il n'est pas certain qu'Andy Ripley fasse partie des tout premiers choix. Il y aura toujours devant le troisième-ligne anglais, un Gallois, un Irlandais, un Français, un Écossais et plusieurs Sud-Africains et Néo-Zélandais. Mais si l'on vient à évoquer les plus charismatiques, il est probable qu'Andy Ripley raflera tous les suffrages, même celui de saint Pierre. On parle du personnage le plus atypique qui soit passé dans le rugby. Battu à la dernière minute par les Gallois ou les Écossais, il vous sortait avec une décontraction désarmante : « C'était amusant, non ? » Le plus anticonformiste, selon le facétieux demi de mêlée Steve Smith qui joua avec lui : « C'était un John Lennon avec des muscles. » Vous l'avez compris, Andy Ripley était très costaud physiquement et athlétiquement. C'était un athlète avant d'être un joueur de rugby, un gars qui s'amusait dans le sport tout en le pratiquant avec sérieux car il voulait toujours gagner. En plus il avait du génie, il était très intelligent, brillant, modeste dans son quotidien et il avait un côté artiste. Les joueurs du PUC qui l'ont côtoyé pendant un an sur les terrains dépeuplés de deuxième division peuvent en témoigner. Il avait passé un an de rêve à Paris, comme il le faisait lorsqu'il partait sur la route en stop aux États-Unis, lavant des voitures ou travaillant dans un supermarché pour payer ses frais.

Allure de hippie avec de longs cheveux retenus par un bandeau, on l'appelait « Geronimo ». Effectivement, sur le terrain, il avait cette même générosité quand il fallait affronter l'adversaire à toute vapeur, les genoux bien hauts. Le cow-boy qui se mettait sur son chemin risquait gros. Avec l'Angleterre, il avait maté chez eux les Springboks (1972) et les All Blacks (1973). Et l'année suivante, il avait fait partie de la grande équipe des Lions britanniques et d'Irlande qui gagna la série de tests en Afrique du Sud (trois victoires et un match nul) et ne perdit aucun match. Et c'est là aussi qu'il vécut sa plus grande désillusion car c'est le

Gallois Mervyn Davies qui joua les tests. Pourquoi ? Le talent, tout d'abord, de Mervyn Davies. Et peut-être son anticonformisme qui poussait Andy Ripley à agir et à réagir suivant ses humeurs et son humour. Comme lorsqu'il joua sur les mots du discours du manager Alun Thomas, qui avait insisté pour qu'il mette blazer et cravate. Il se présenta à la réception avec le blazer et la cravate, mais sans chemise, sans chaussures, sans chaussettes et avec un jean troué et effiloché.

Mais il ne faut pas croire qu'Andy Ripley affichait cette attitude décalée pour se moquer de « l'establishment » anglais. Même s'il en faisait partie, il tenait à sa liberté de pensée et d'action. Il était tout de même directeur de la banque du Koweït à la City de Londres. Et il pouvait tout aussi bien se rendre au bureau en costume, chapon melon et parapluie, qu'en jean, mais la plupart du temps à moto. De toute façon il préférait les anciens modèles d'Austin que la Rolls qu'il aurait pu se payer. Il est vrai qu'au niveau du bulbe, il avait quelques longueurs d'avance. Aussi il aimait manier la dérision et la plaisanterie. Pas sûr qu'Alun Thomas appréciait vraiment quand, pour aller surfer, il enfilait en Afrique du Sud, son tee-shirt portant l'inscription : « Je suis tellement parfait que ça me fait peur ! »

Il n'était pas parfait mais, assez souvent, il essayait de se rapprocher de la perfection dans tout ce qu'il entreprenait. « Mon approche de la compétition était similaire à la façon dont je préparais mes examens. J'essayais de donner tort à ceux qui pensaient que je ne pouvais pas réussir parce que j'étais extrêmement paresseux. » Il s'essaya au triathlon avec succès. Il fut champion d'aviron indoor, battant en finale son coéquipier de l'Angleterre Roger Uttley. Il réalisa la 35e meilleure performance du pays sur 400 m haies, en 53"7, à l'âge de 30 ans. Il fut demi-finaliste du 400 m aux championnats de Grande-Bretagne. Il prit sa revanche sur le vainqueur David Jenkins, champion d'Europe en 1974 à Rome, lors des Superstars, qui réunissait des sportifs de renom comme Jenkins, donc, Bonetti, le gardien de but de l'Angleterre, Lynn Davies, champion olympique de saut en longueur en 1964 à Tokyo, Björn Borg ou encore Pentti Nikula, recordman du monde de saut à la perche. Il toucha au basket, au tennis, au ski nautique. Il écrivit un livre d'une grande drôlerie. Comme il était amateur dans l'âme, il donna l'argent du livre et ses gains ramassés aux Superstars à la Rugby Union et à des œuvres de charité. D'ailleurs, quand le rugby passa professionnel, il était président de son club de Rosslyn Park, où il a joué jusqu'à 41 ans, et il demanda aux membres de voter pour savoir ce qu'ils voulaient faire. « Je crains que la loyauté et l'amitié disparaissent. Moi, j'ai toujours eu besoin de héros. J'ai peur qu'on les perde. J'admets, je suis un vieux schnock nostalgique et sentimental. Je crains que les joueurs deviennent des marionnettes, des pantins, manipulés par des gens qui ont de l'argent. » Rosslyn Park choisit de rester amateur.

À 49 ans, il décide de reprendre des études de philosophie à Cambridge. N'ayant pas pu jouer le Varsity Match entre Oxford et Cambridge, il ambitionne de disputer The Boat Race, la célèbre course sur la Tamise entre les deux universités. Il s'entraîne comme un fou, perd une douzaine de kilos, affiche un pouls de 38. « Ce n'est pas facile. Le problème, ce n'est pas l'âge. Moi, je dois apprendre à ramer. C'est nouveau pour moi. Les autres, qui ont entre 20 et 25 ans, ils rament depuis l'école. » Il gagnera une place de réserviste mais pas de titulaire. Ce sera son dernier pari sportif.

Comme beaucoup d'autres sportifs, comme beaucoup d'amis que nous eûmes dans ce rugby, Andy Ripley est parti trop tôt. À 63 ans, usé, déformé par le cancer, aveugle, sur une chaise roulante, mais toujours fier et seigneur dans l'épreuve. « On doit oser espérer. On peut espérer. Faire autrement, c'est gâcher le plus précieux des cadeaux que Dieu nous a donné à nous tous. Quand on meurt, c'est avec espoir. Et c'est facile car nos cœurs ne sont pas brisés. »

Le connaissant, il doit bien s'amuser au « stade des étoiles ».

45

SPAN-GHE-RO, SPAN-GHE-RO, SPAN-GHE-RO !

Walter Spanghero. Avec un prénom pareil le troisième enfant de la fratrie Spanghero ne pouvait pas passer inaperçu. Il y avait eu Laurent, puis Annie, puis Walter le 21 décembre 1943. Suivirent Jean-Marie, Claude – le « plus fragile » selon la maman Romea –, Maryse, Guy et Gilbert. Or le pater familias, Dante Ferruccio tenait fermement à ce prénom. Ferruccio et Romea étaient italiens d'origine, mais naturalisés français. Les enfants, tous nés en France, étaient français. Mais il était tenace, le papa. Le secrétaire de mairie ne voulait pas de ce prénom, qui devait lui rappeler les pénibles souvenirs de la guerre à peine terminée. Avec Ferruccio, il était tombé sur un bec. Spanghero était originaire du Frioul, province des

Alpes italiennes, dans le prolongement de la Vénétie, vers l'Autriche et l'ancienne Yougoslavie. Un autre compagnon de mêlée de Walter en équipe de France venait également du Frioul, le pilier de Toulon Aldo Gruarin. Sauf qu'Aldo était né là-bas. « C'est ainsi que pendant six mois, je n'ai pas eu de prénom officiellement, raconte Walter, dont le deuxième prénom est Fiorino. Le secrétaire de mairie fit valoir que ce n'était pas un prénom chrétien. Mon père s'emporta et expliqua que, dans les terres chrétiennes du Frioul, les curés acceptaient ce prénom. Il porta l'affaire devant les tribunaux qui lui donnèrent raison. » Quand on pense qu'un fonctionnaire zélé a failli priver le rugby français d'un de ses plus légendaires prénoms pour une rancune rentrée contre l'ancien occupant… Si seulement il avait su comment Ferruccio était allé au clash avec un officier allemand venu réquisitionner du bétail, il n'aurait même pas discuté ce prénom, « Oualtère ».

Chez les Spanghero, on était français et on entendait bien le montrer. Car pour en arriver là et s'installer en France, Dante Ferruccio en avait bavé. Venu en 1929 avec son père Ottaviano, ils travaillèrent comme maçons dans les mines de charbon du Nord pour réparer les murs des galeries souterraines et éviter ainsi les éboulements. Sauf que le fiston attrapa la maladie du ciment. Revenu en Italie, il rejoignit ensuite la France avec le patriarche et toute la famille. Mais cette fois, direction le sud, le Lauragais. Et après quelques années de vache enragée, Dante Ferruccio se posa avec femmes et enfants, tout d'abord à la ferme Brésil à Payra-sur-l'Hers, puis à la ferme Rouzille à Bram entre Castelnaudary et Carcassonne. L'histoire était en route. Et quelle histoire !

L'histoire d'une famille réunie dans le travail, l'esprit de sacrifice, l'éducation, dans une intégration exemplaire. Il y avait l'autorité paternelle, l'amour maternel, un lien sans faille entre les frères, des forces de la nature qui travaillaient dur cette terre qui les avait accueillis. Il y avait aussi les jeux et les accidents de parcours. Jean-Marie qui s'ouvre le nez avec un tesson de bouteille, Claude qui se fait exploser le visage avec le timon d'une charrette. Et puis il y a le rugby à Bram qui leur fait des clins d'œil. Laurent, le premier, va y tâter. Puis Walter. Il a déjà du tempérament, le Walter. « Quand je suis allé à mon tour au collège d'agriculture à Limoux, deux ans après Walter, raconte Jean-Marie, le professeur m'a demandé si j'étais plus calme que mon frère. "Et pourquoi, lui ai-je répondu ? – Parce qu'un jour il m'a balancé un encrier à la figure !" »

Laurent, l'homme à tout faire de Bram, le fait débuter en équipe première, en série régionale, à 16 ans. Il n'y avait ni équipe juniors, ni équipe réserve. Entraîné avec ses frères à se lancer les sacs de 50 kg d'engrais ou de semences, et à installer chaque mois la Bordelaise (barrique de vin de 120 litres), il était costaud. Bien entendu, Narbonne avait pisté le jeune Walter. Il fait une première saison (1959-1960) prometteuse avec les juniors. Pendant l'été il part quinze jours avec son meilleur copain à Chamonix. « On ne s'est pas économisés là-haut, raconte Walter. Je faisais le con, je bouffais, je buvais de la bière. Ma mère me téléphone : je suis convoqué à l'entraînement à Narbonne. Je prends le train, descends à la gare de Narbonne et file à l'entraînement. Après quelques tours de terrain, j'avais les jambes en flanelle. Je tombe dans les vaps. Insolation, infection intestinale, direction l'hôpital Purpan, à Toulouse. Au bout de quinze jours un médecin m'a expliqué : "Vous avez un cœur particulier, votre cas nous intéresse." J'étais un cobaye. Je me suis échappé. »

À Narbonne, l'entraîneur Jacques Lepatey, ancien ailier de l'équipe de France, a fait son deuil de ce jeune espoir : « Ce Walter, il a des moyens physiques, c'est sûr. Mais il n'est pas vaillant. » Cependant les dirigeants de Béziers s'étaient mis sur le coup. Mais ils étaient arrivés trop tard pour l'enrôler. Walter avait repris contact avec Narbonne, le Racing, comme il dit.

« Rentré à Bram, j'appelle le club de Narbonne pour savoir s'ils ont besoin de moi : "Viens jeudi à l'entraînement." Et à l'entraînement ils me disent de venir dimanche. Je croyais que c'était pour jouer avec les juniors. L'entraîneur Lolo Mazon [ancien très grand pilier treiziste surnommé "le ventilateur" pour sa propension à ventiler les adversaires récalcitrants] m'annonce que je vais jouer deuxième-ligne avec l'équipe première contre Auch en challenge du Manoir. Je leur dis : "Vous êtes fous ! mon père va gueuler." Déjà il ne voulait pas que j'aille à Narbonne, car pour lui Narbonne, par rapport à Bram, c'était les États-Unis. »

Le rugby français allait découvrir que ce Spanghero, ce Walter, était vaillant, avait une santé de fer et une méconnaissance totale du danger sur les terrains. Car à 18 ans, il en fallait du courage pour ferrailler sur les terrains de Dax, Toulon, Brive, Béziers, Perpignan, Lourdes, Montferrand. Au match aller, à Narbonne, le deuxième-ligne dacquois Marcel Cassiède, le prévient : « Au match retour, à Dax, il ne faudra pas que tu joues comme ça et que tu te jettes partout. Sinon il va t'arriver des bricoles. » « D'entrée, à Dax, le pilier Bérilhe m'avertit : "Ici tu n'es pas à

Narbonne", raconte Walter. Je me fous de l'avertissement. Je me jette partout. Premier choc, je sors, je reviens. Cassiède, me dit : "Tu ne vas pas rester longtemps." Effectivement, je tombe dans la lessiveuse, je prends un coup de sabot, ils m'ouvrent la main. Je sors, je reviens. Là, Bérilhe me lance : "Mais tu en veux encore !" Je n'ai pas pu terminer le match. »

Il y reviendra, à Dax, souvent. En 1973, le match est horrible. « Ça tombait comme en 40, dit-il. C'était injouable. J'ai dit à l'arbitre de faire quelque chose, de foutre des gars dehors. Il m'a répondu : "Je ne vois rien." Après le match, je me suis lâché. Et j'ai déclaré à Denis Lalanne de *L'Équipe* : "C'était un match de cons, arbitré par un con et désigné par des cons." »

La phrase de trop, qui était destinée à ses deux têtes de Turc, le président de la Fédération, Albert Ferrasse, et son vice-président, Guy Basquet, également président de la commission de sélection. Sanction : dix matches de suspension, ramenés à trois.

Peur de rien sur le terrain, peur de rien en dehors. Walter est un type entier. C'est ce qui l'a caractérisé tout au long de sa carrière. Sur le plan professionnel, il a réussi un parcours exemplaire depuis son premier emploi au Crédit agricole jusqu'à son affaire de location de voitures. Et, dès sa première sélection en 1964, à Springs contre les Springboks (victoire 8-6), aux côtés de Benoît Dauga, sa personnalité fit l'unanimité. Songez qu'au départ de la tournée, il vouvoyait son capitaine, Michel Crauste, lui donnait du « Monsieur Crauste ». Un mois plus tard, lors du test match, il lui réclamait : « Dis, Michel, on leur en fait péter une autre ! » « Mais quand je rencontrais mes potes de l'équipe de France, il n'y avait plus de cadeau, rappelle Walter. Maurice Lira, à la Voulte, il m'avait dit : "Ici on ne se connaît pas." À Toulon, j'ai eu deux côtes cassées. J'ai dit à André [Herrero] et Aldo [Gruarin] : "Oh ! lève le pied !" »

En deux ans, Walter Spanghero est devenu une vedette. L'histoire de sa famille, son accent, son naturel séduisent tout le monde. Sa bravoure étonne, émerveille. En 1966, à Colombes, le public scande son nom : « Span-ghe-ro, Span-ghe-ro, Span-ghe-ro ! » On n'a jamais vu ou plutôt jamais entendu ça. Roger Couderc en rajoute des tonnes. « Oualtère », comme il prononce lui-même en roulant les « r », fait la Une des journaux, de *Paris Match*. À la fin de sa carrière il a même donné son accord à un Gallois pour appeler son restaurant installé en face de l'Arms Park, « Le Spanghero » ! Cela ne lui tourne pas la tête pour autant. Il continue à plonger avec délice dans les combats au sol, au point que son coéquipier, le talonneur René Bénésis, a eu cette formule magnifique : « Walter, il met la tête là où les autres n'osent pas mettre les pieds. » Ce qui lui a valu de multiples coups, blessures et fractures, qui ne l'empêchaient jamais de terminer les matches. Jean Andrieu, médecin et demi d'ouverture de Graulhet, qui fit la tournée en Nouvelle-Zélande en sa compagnie en 1968, a dit un jour à son ami de demi mêlée de Toulouse et de Dax, Jean-Louis Bérot : « Avec les radios qu'il a, un mec normal ne peut pas marcher. C'est un roc. »

Et lorsque quelque chose ne fonctionne pas, il ne se gêne pas pour le déclarer publiquement, ce qui ravive régulièrement ses discordes avec Basquet et Ferrasse. Comme en 1969, lorsqu'on le vire au beau milieu du Tournoi. « J'avais fait alors mon deuil de l'équipe de France, raconte-t-il. Au bout de dix défaites consécutives, un journaliste a posé la question à Georges Pompidou : "Que faut-il faire ? – Eh bien ! rappelez Spanghero !" Basquet et Ferrasse sont venus me voir à Toulouse pour que je revienne comme capitaine. Avec le président de Narbonne, Maître Pech de Laclauze. Je leur ai dit que j'avais tiré un trait sur l'équipe de France, que j'avais mes affaires à gérer. Au bout de deux heures, et après qu'ils eurent donné l'organisation d'un quart de finale à Narbonne, ce qui constituait un bon revenu pour le club, j'ai accepté de revenir. » Pour le plus grand plaisir de Pompidou, la France, avec cinq Narbonnais, fait match nul avec le pays de Galles (8-8).

Mais il n'en avait pas fini avec les « gros », comme il appelait les dirigeants Ferrasse et Basquet. Deux ans plus tard, il se casse une côte à Agen. « “Tu crois que tu pourras jouer samedi, me demandent-ils. On va attendre que tu passes une radio et on décidera après.” Sauf que dans le bus de retour, j'entends l'annonce de l'équipe de France. Je suis écarté et Benoît [Dauga] est capitaine. J'ai appelé Basquet et je l'ai traité de “salaud” [le qualificatif était plus violent]. Cette fois, l'équipe de France, c'était bien fini. »

C'est ce qu'il croyait. Mais ils sont venus le rechercher une nouvelle fois comme capitaine en 1972 pour la fermeture de Colombes contre l'Angleterre (37-12) et pour la tournée victorieuse en Australie, avant sa retraite définitive sur une 51e sélection et une défaite en Irlande (6-4). Et de finir sa carrière de joueur en troisième ligne au Stade Toulousain avec Rives et Skrela, ce qui valut encore une anecdote savoureuse de Walter : « J'arrive à l'entraînement du Stade. J'ouvre une porte de vestiaire. Je vois des jeunes en tenue. Des crickets. Je leur demande où est le vestiaire de l'équipe première. Ils me disent, c'est ici. Je n'en connaissais aucun. »

Enfin à la retraite, il en profite pour faire réparer son nez, qu'il s'est cassé lors du premier match amical, et pour commenter les matches sur Sud Radio avec Patrick Thillet. Malheureusement une affaire de publicité de Sud Radio avec des panneaux quatre mètres par trois, dont un juste devant l'entreprise de Ferrasse à Agen, lui vaut cette fois la radiation. « Sur le coup, je n'ai rien dit. Mais trois ans plus tard, mon frère Guy, qui était parti au XIII à Limoux, voulut revenir à XV. Nous sommes allées tous les deux voir Ferrasse. On a parlé de tout et de rien et il nous a requalifiés tous les deux. Lui pour rejouer à Narbonne, moi pour être dirigeant à Toulouse. »

Voilà comment Walter est rentré définitivement en grâce auprès de la Fédération, qu'il a rejointe de longues années plus tard avec Bernard Lapasset pour travailler sur le statut professionnel du joueur de rugby.

Quel parcours pour un type qui n'était pas vaillant !

46

CHABAN, DE L'OMBRE À LA LUMIÈRE

Compétiteurs dans l'âme, quelques champions se sont essayés à la politique après leur carrière. Quelques-uns furent ministres, la plupart du temps en charge des Sports. Par ordre alphabétique : Bambuck, Calmat, Douillet, Drut, Flessel, Herzog, Lamour, Maracineanu, Mazaud.

Deux joueurs de rugby eurent une carrière politique de haute volée. Camille Chautemps, bon pilier de mêlée à Tours et au Stade Français, fut président du Conseil sous la IIIe République, député, sénateur, ministre de la Justice, de l'Intérieur, des Travaux publics, de l'Instruction publique. C'est lui qui, en 1938, donna l'agrément du gouvernement à la Ligue française de rugby à XIII.

Mais celui qui dépasse tout le monde est sans contestation Jacques Chaban-Delmas. Pour son action dans la Résistance, pour ses qualités de joueur de rugby et de tennis et pour sa carrière politique qui l'a porté à la présidence de l'Assemblée nationale et à la fonction de Premier Ministre sous Georges Pompidou, après avoir été ministre des Travaux publics puis de la Défense nationale sous la IVe République. Ajoutez à cela, commandeur de la Légion d'honneur, compagnon de la Libération, Croix de guerre. Il fut également, à 55 ans, champion de France de doubles vétérans en tennis. Et surtout il fut international de rugby à XV, avec une sélection comme ailier, le 28 avril 1945, à Richmond, contre l'Empire britannique (27-6) aux côtés de Dauger, Junquas, Alvarez, Jean Prat, Soro et Bambi Moga, alors qu'il jouait encore au CASG.

Ce n'est que deux ans plus tard qu'il partit jouer à Bègles tandis qu'il montait à l'assaut de la ville de Bordeaux. Avec le concours de quelques coéquipiers et surtout des frères Moga, qui connaissaient son parcours pendant la guerre dans « l'armée des ombres ». Celle-ci l'avait amené à prospecter dans le Sud-Ouest. À Pau, pendant la guerre, le rugby tourne au ralenti. Les jeunes s'occupent en jouant au tennis au parc Beaumont. Carçabal, un joueur de la Section Paloise, remarque un jeune homme qui les regarde avec envie. « Tu veux jouer ? » lui propose-t-il. Il lui prête des chaussures et une raquette. L'inconnu inflige 6-0, 6-0 au premier venu. « Tu sais, on joue aussi au rugby. Si tu veux, viens avec nous dimanche à Orthez. »

Le dimanche matin, le gars est au rendez-vous. La Section est battue, mais l'inconnu a fait un malheur sur son aile. On se dit à bientôt, à la semaine prochaine. Carçabal et ses potes ne le reverront plus. Du moins jusqu'à cette finale de 1946, au Parc des Princes, où Pau devient champion de France en battant Lourdes (11-0). Carçabal reconnaît dans la tribune officielle le jeune homme du parc Beaumont. Mais qui c'est ? Il y a eu certainement quelques photos de lui aux côtés du général de Gaulle, mais la presse locale du Béarn n'a jamais évoqué le nom de ce jeune général. Carçabal l'approche. « Oui, oui, je vous reconnais », lui dit Chaban-Delmas. « Mais qu'est-ce que vous faisiez à Pau ? » lui demande l'autre. Chaban-Delmas : « J'étais dans la région pour organiser les réseaux de résistance. Il fallait que je me planque. Et le meilleur moyen de passer inaperçu, c'était encore de me montrer au grand jour. »

Descendu à Bordeaux afin de mener sa campagne électorale pour les municipales, les Bordelais auraient pensé qu'il aurait rejoint le club du SBUC, plus bourgeois, plus huppé que celui de Bègles situé en plein fief du Parti communiste. Mais les frères Moga jouaient à Bègles, avaient orchestré sa campagne quand il fallait jouer des coudes dans les réunions électorales et dirigé le service d'ordre musclé. Et pendant la guerre, la famille Moga avait caché bon nombre de résistants. Certains coéquipiers, qui penchaient à gauche, étaient également au soutien. Toute sa vie Chaban-Delmas saura se souvenir de ses compagnons de jeu pour leur donner un coup de pouce. C'était à tu et à toi, ils lui donnaient du Chaban, et Chaban, en dehors de ses obligations politiques, ne fuyait pas les repas d'après-match chez « Marraine Baudorre » aux Capucins, où battait le cœur de Bordeaux. Revenant d'un match avec l'équipe 3 à Cadillac, il avait présidé le conseil municipal avec un énorme coquard. « C'est un communiste qui t'a fait ça ! » lui lança un copain. Réplique instantanée : « Ne mélange pas tout. Pas de politique sur le terrain. »

Troisième-ligne de l'époque, Christian Siot n'a pas oublié la classe de l'homme, ni les qualités athlétiques de Chaban-Delmas. « À ses premiers entraînements il venait avec son chauffeur, un grand Noir. Il courait très vite. Autour de 11 secondes au 100 mètres. À Musard, derrière la main courante, tout le monde l'appelait Chaban. À l'extérieur, il se faisait chambrer par le public. En 1949, il nous a sauvé la mise en seizième de finale de la Coupe de France contre Montferrand, en faisant un arrêt de volée devant notre ligne de but. Ensuite il s'est blessé et c'est Sallenave qui a joué. Il était rétabli pour les demi-finales mais il a prétexté qu'il n'était pas tout à fait en état de jouer un match de cette importance, pour ne pas prendre la place de Sallenave. Et après notre finale gagnée contre Toulouse (11-6), il s'est contenté de remettre le trophée à son copain et capitaine habituel Pierre Marrens. »

Au bout de trois ans, à 35 ans donc, il raccrocha les crampons. Entre les allers retours avec Paris, les charges de député, de ministre et la ville de Bordeaux qu'il fallait relever et moderniser après la guerre – ce que ses contempteurs ont tendance à oublier –, Chaban-Delmas se consacra au tennis et au golf. Mais il resta à tout jamais un amoureux de Bègles et un visiteur assidu de Musard.

47

BOUBOU CHEZ LES BOKS

En 1970, les All Blacks étaient venus en Afrique du Sud avec trois Maoris et un Samoan. C'était la condition imposée par le gouvernement néo-zélandais. Comme il n'y avait pas de Coupe du monde à l'époque, cette confrontation entre All Blacks et Springboks donnait le titre officieux de champion du monde, puisque ces deux pays dominaient le rugby mondial depuis un siècle. Le gouvernement pouvait faire quelques amendements à sa constitution.

Quand l'année suivante la France vint à son tour en tournée avec dans ses bagages l'ailier noir du Stade Toulousain Roger Bourgarel, cela avait un peu tiqué dans les sphères gouvernementales sud-africaines et parmi les couches conservatrices du pays, partisanes d'un apartheid pur et dur. Mais Albert Ferrasse, le président de la Fédération française de rugby, avait bien monté son coup avec Danie Craven, le patron du rugby sud-africain.

En fait Roger Bourgarel n'avait pas été sélectionné. C'est Jean-Charles Amade, de Biarritz, qui avait été retenu. Là-dessus, le président Ferrasse usa de son pouvoir absolu et repêcha Bourgarel. Amade a-t-il été prié de s'effacer poliment ? Toujours est-il qu'il déclara forfait, disant qu'il ne se sentait pas dans de bonnes dispositions morales pour aller en tournée. Compensation, il ira en tournée en Afrique du Sud quatre ans plus tard.

Voilà donc notre « Boubou » toulousain en Afrique du Sud. On devrait dire notre « Boubou » national, car plusieurs journaux et radios, peu concernés généralement par ces tournées de rugby, allèrent couvrir la tournée de l'équipe de France uniquement pour suivre cet événement à forts relents politiques. Même l'ami Blachon, le troisième-ligne et dessinateur du PUC, y alla de son croquis dans *Le Journal du dimanche*. On y voyait toute une bande de Blancs dans un bus, et un petit Noir tout seul dans un autre !

« Je m'étais interrogé si je devais y aller, raconte Roger Bourgarel. D'une certaine façon je prenais la place d'Amade. J'étais mal à l'aise. Il y avait beaucoup de discussions à mon sujet. À l'aéroport, à Johannesburg, tous les employés étaient noirs.

Les Blancs, eux, me regardaient avec ébahissement. C'était une hérésie pour eux. Mais qu'est-ce que ce Noir venait faire au milieu des Blancs ? »

Roger Bourgarel ne va pas se sentir mal à l'aise bien longtemps. Il est dans le quinze de départ du premier match contre l'East Transvaal à Springs. Il marque même un essai et la France l'emporte, 22-13. Les Noirs sud-africains se sont trouvé un héros. Dès qu'il touche la balle, c'est de l'hystérie dans la tribune des Noirs, parqués dans un coin et entourés de flics et de chiens. Une image qui l'a fortement marqué.

« Le soir, en boîte de nuit, le portier m'interdit l'entrée, raconte Bourgarel. Les coéquipiers qui étaient déjà dedans sont venus me chercher avec un blazer et le coq. Il fallait supporter les regards des Blancs. Et je me disais : et s'il y en a avec un pistolet ? Par provocation, j'allais avec le blazer partout où c'était interdit aux Noirs. D'un autre côté je me demandais comment les Noirs me jugeaient. Je n'en finissais pas de me poser des questions. »

« On nous interrogeait à son sujet, rappelle Pierre Villepreux : "Il dort dans le même hôtel que vous ? En dehors des matches et des entraînements, il reste avec vous ?" Dans les hôtels il y avait des Blancs qui quittaient la piscine quand il plongeait. »

Il reçut des menaces de mort. Même d'organisations anti-apartheid qui lui reprochaient de cautionner la politique des Blancs. « J'ai reçu des lettres de menace. J'ai fait une connerie, je ne les ai pas gardées. »

Il dispute le troisième match contre le Transvaal (14-20) à Johannesburg. Il marque à nouveau un essai. Mais il était visé. En même temps qu'un ballon, il ramasse cher. « Je suis resté sur le terrain. On m'a posé dix points de suture à la tête. J'ai bien cru que j'étais cuit pour la tournée. » Au total, il va jouer six matches sur les neuf de la tournée. « Boubou » a pris ses marques au sein de l'équipe et son rythme dans la vie quotidienne au milieu des Blancs. Quelquefois, Dauga et Maso l'emmènent dîner en ville. Il est l'idole des serveurs et… des serveuses. Mais pas celle des rustiques avants Springboks, principalement de l'emblématique deuxième-ligne Frik du Preez, terreur de tous les avants du monde.

Au deuxième test, à Durban, après les trois minutes initiales de bagarres, Du Preez attendit d'avoir un ballon. « Il fonce directement sur Boubou, raconte Villepreux. Il veut se le faire. On entend un terrible ouh ! dans le public. Boubou est malin, il ne l'affronte pas de face. Il s'accroche derrière à ses épaules, réussit à le faire tomber et à le pousser en touche à quelques mètres de la ligne de but. Même si j'ai remarqué un sourire forcé chez Du Preez, c'était comme si le mythe sud-africain s'écroulait. »

À la fin du match, l'ailier Gert Muller est venu échanger son maillot avec lui. « À la réception, se souvient Roger Bourgarel, Danie Craven m'a présenté à l'assemblée, même si ma tête était connue. Cela m'a fait plaisir. J'avais prouvé que je méritais ma sélection et que j'étais capable d'être l'égal de ces gars. »

Pour la petite histoire, Roger Bourgarel n'a jamais revu Jean-Charles Amade. Il a continué sa carrière en groupe B à Châteaurenard, puis en série inférieure à Miramas, Cornebarrieu et à Caraman, à 56 ans. Et surtout il n'a jamais rencontré Nelson Mandela qui l'avait invité en 2006 en Afrique du Sud. Dommage, cette rencontre aurait eu de la gueule.

48

FOURÈS JUSQU'À BERCHTESGADEN

En principe, à 17 ans, on est encore à l'école ou en apprentissage. Du moins c'était la règle au milieu du XXe siècle. Pour Henri Fourès, quatre fois international dans le Tournoi 1951 associé en deuxième ligne à Lucien Mias, cela ne s'est pas du tout passé comme ça. En 1943, à Portet-sur-Garonne, on était en zone occupée. Il n'avait qu'un seul but, rejoindre les Forces libres en Afrique du Nord et rentrer en guerre avec les Alliés. Comme la majorité était à 21 ans, il a demandé l'autorisation à ses parents. Pour la forme, puisqu'il avait déjà pris sa décision. « Vas-y, mon garçon, lui dit sa mère. Tu seras un bon soldat. » Son frère aîné avait déjà pris le large pour échapper au STO. Il avait sauté du train qui devait l'amener en Allemagne et il avait fallu le cacher pendant un mois avant qu'il ne parte en Espagne.

À cet âge-là, on est intrépide, on n'a pas peur du danger. Avec dix francs en poche, Henri Fourès essaie de rejoindre l'Espagne. En train, en car. Il arrive à Saint-Jean-Pied-de-Port. Il faut traverser les Pyrénées, ce qui, en ce temps de guerre, est très périlleux. Même si elle est restée neutre dans le conflit militaire, l'Espagne franquiste a été appuyée dans sa guerre contre les républicains par l'Allemagne. Personne n'a oublié les bombardements du Pays basque par l'aviation allemande, qui inspirera à Picasso son célèbre tableau *Guernica*. D'où le danger pour les hommes comme Fourès, traqués par les franquistes qui les tabassaient dans les prisons, mais heureusement aidés par les républicains

« Avant de passer la frontière, je suis recueilli par un boulanger à Arnéguy, qui m'embauche comme mitron, raconte Fourès. Il me fait passer de l'autre côté. À Valcarlos, je passe trois jours au commissariat. Puis une semaine en prison à Pampelune. Je réussis à passer au Portugal. Je reviens en Espagne, je suis prisonnier à la forteresse de Bilbao. Là, je suis pris en charge par la Croix-Rouge. Et convoyé en train jusqu'à Malaga, où nous sommes parqués dans les arènes. »

Et puis la délivrance avec le départ pour Casablanca, où il rencontre son grand-père. Enfin l'Algérie, le service sous le général de Lattre de Tassigny, l'école des cadres pendant cinq mois, où l'on forme des baroudeurs. Cette fois, la véritable histoire du soldat Fourès commence.

Le 6 juin 1944, les soldats sont réveillés à 6 heures du matin. De Lattre leur annonce le débarquement en Normandie. Rassemblés à Oran, ils vont aller débarquer en Provence. Fourès fait partie d'un peloton spécial de la 5e DB, composé uniquement de volontaires. Un autre joueur de l'équipe de France en même temps que Fourès, René Biénès, pilier et troisième-ligne, participa à cette reconquête dans d'autres commandos de choc commandés par De Lattre. Il débarque sur la terre de France, sur la plage de Sainte-Maxime. S'ensuit la remontée le long de la vallée du Rhône, empruntant quelquefois une route sinueuse que Napoléon utilisa en son temps au retour de l'île d'Elbe. Partout les attendent de violents combats. Libération de Colmar, Belfort, Strasbourg. Les pièges sont partout. Ils ont pour mission de libérer, certes, de débusquer, mais aussi de déminer. Partis à soixante-cinq, ils ne seront que seize en arrivant au Nid d'Aigle, à Berchtesgaden. La devise de cette unité d'élite : « Ne pas subir ». Il en fera également sa devise plus tard sur les terrains de rugby. Pour seules armes, ses camarades et lui-même n'ont qu'un poignard à la ceinture et un autre à la cheville. « Henri n'a jamais trop voulu me parler de cette guerre, raconte son épouse. “J'ai vu tellement d'horreurs”, me disait-il. Ils ne se battaient pas, ils ne tuaient pas, ils assommaient. Il n'a jamais été blessé. »

Après Berchtesgaden, il y eut Sigmaringen. Ils sont allés chercher Pétain, des politiques de Vichy et autres collabos. Fourès précise : « Là, ça levait les bras facilement. »

La guerre est terminée pour lui. Le 20 septembre 1945, il est démobilisé. En octobre, il est convoqué pour passer le conseil de révision, qui a lieu dans le salon des Illustres, à la mairie de Toulouse. Il se présente en uniforme. Avec son livret militaire et ses décorations remises par le général de Lattre de Tassigny lui-même, qui lui avait donné ses éperons d'argent en gage d'estime : Médaille militaire, Croix de guerre. On lui remettra la Légion d'honneur plus tard. En le voyant en uniforme, en regardant ses états de service, tous les gradés se mettent au garde à vous. Il refuse le grade d'officier que de Lattre a demandé qu'on lui remette. À 20 ans, il a non seulement fait l'armée, mais la guerre. Tout au long de sa vie, ainsi que de sa carrière de joueur et de dirigeant, il laissa un voile pudique sur cette courte et intense partie de son histoire, de la grande Histoire. « Moi-même, ce n'est que beaucoup plus tard, après avoir arrêté le rugby, que j'ai appris son aventure pendant la guerre, raconte Lucien Mias. Henri était un taiseux, il était moins insouciant, moins hâbleur que nous. Il ne s'épanchait pas beaucoup. »

Mais ce n'est pas vers la boulangerie qu'il va se diriger. Revenu dans son village, où sa mère était institutrice, il commença à travailler dans la boucherie de ses futurs beaux-parents. Il a appris le métier, a évolué dans la profession, ce qui l'amenait à se déplacer en Allemagne. Et il a commencé à jouer au rugby où son grand gabarit athlétique allait vite s'exprimer en deuxième ligne au Stade Toulousain. En équipe de France il n'eut pas la carrière qu'il méritait. Avec d'autres joueurs comme Jean Dauger, il fut choisi comme bouc émissaire pour donner des garanties d'éthique aux Britanniques qui reprochaient au rugby français de faire jouer des professionnels. Après quatre sélections, il fut écarté. Lui qui avait traversé toute la guerre sans une blessure, s'abîma un genou à 28 ans. Il arrêta de jouer et commença une longue carrière de dirigeant au Stade Toulousain, à la Fédération et en équipe de France qu'il accompagna sur bien des fronts, notamment auprès de Jacques

Fouroux au moment de la première Coupe du monde en 1987. Et c'est ainsi qu'il continua à servir le rugby jusqu'à sa mort.

49

MERQUEY, CHAMPION DU MONDE À 21 ANS

Lorsque Michel Pomathios, ancien ailier d'Agen, de Lyon et de Bourg-en-Bresse, disparaît en 2015, à l'âge de 91 ans, Jacky Merquey devient alors non pas le plus vieux mais le plus ancien international français. Né à Souillac en 1929, au même endroit que Roger Couderc mais onze ans après lui, Jacky Merquey peut et doit être considéré comme un des plus grands joueurs de rugby français. Parce qu'il a commencé sa carrière internationale au rugby à XV à 20 ans, sous les couleurs de Toulon, après être passé à Cahors, et qu'il a réussi ensuite une autre carrière étincelante au rugby à XIII à Marseille, Avignon et Villeneuve-sur-Lot. Il sera deux fois champion de France avec Villeneuve (1958-1959 et 1963-1964) et remportera deux Coupes de France avec Avignon (1954-1955 et 1955-1956). Quatre matches dans le Tournoi 1950 avec le seul essai de la France pour son premier match perdu en Écosse (8-5), ce tout jeune trois-quarts centre va rapidement faire parler de lui. Petit gabarit, il va vite, il a des crochets, de franches accélérations, il joue avec sa tête, on voit déjà qu'il y a une âme de capitaine en lui. Marseille XIII, qui a vu le jour après-guerre grâce aux efforts entre autres de Paul Ricard, l'a compris. Il lui propose de l'aider pour ses études de pharmacie. La saison suivante, 1950-1951, il rejoint sur le Vieux Port les Dop, Béraud, Brousse, Rinaldi. Le début d'une fabuleuse aventure pour ces cinq grands joueurs, emportés dans le tourbillon d'une épopée, qui rejoint dans l'imaginaire celle de l'équipe de France de rugby à XV en Afrique du Sud en 1958. Il s'agit de la première tournée des Français en Australie, en 1951, reconnue alors comme la meilleure équipe du monde. La Coupe du monde n'existe pas encore mais battre les Australiens, c'est battre les champions du monde.

« Je n'aurais jamais dû partir, raconte Jacky Merquey. J'étais en première année de pharmacie. Et puis l'Australie, c'était loin, très loin. Il y a eu un match de sélection à Monaco. J'ai été retenu. Les dirigeants se sont arrangés avec la fac. » Départ le

14 mai 1951. Les vingt-spt joueurs sont loin de penser à ce qui les attend en Australie et en Nouvelle-Zélande, ainsi qu'à leur retour en France quatre mois plus tard. Une semaine d'avion pour aller là-bas. « On se posait partout. Rome, Le Caire, où il y a eu une panne de moteur [comme le XV de France en 1958 au Kenya], Karachi, Calcutta, Singapour, Djakarta, Darwin. On est partis le lundi matin, on est arrivés à Sydney le samedi matin. Toutes ces villes, ça me parlait. Darwin, bombardée par les Japonais, Djakarta qui avait disputé son indépendance aux Hollandais, le mythique hôtel *Raffles* de Singapour, cher à Rudyard Kipling. J'ai pris plein de photos, j'ai noirci des notes. »

À peine sont-ils installés à l'*Olympic Hotel,* juste à côté du Sydney Cricket Ground, qu'ils sont invités à se rendre au stade, pour le match entre le Queensland (Brisbane) et la Nouvelle-Galles du Sud (Sydney). « À la mi-temps, nous sommes présentés aux 80 000 spectateurs du stade. On défile dans nos beaux survêtements bleu-blanc-rouge. Impressionnant. Pour nous, l'Australie et les Australiens, c'était le bout du monde, presque une autre planète. Pour eux, nous étions des exotiques. Quant au match, il était de qualité, pratiqué par des types costauds, rugueux même, rapides. Cela promettait. »

Voilà pour les présentations très amicales, très conviviales. Maintenant il y a vingt-sept matches à se cogner. Un programme démentiel pour vingt-sept joueurs menés avec discernement et compétence par le triumvirat Antoine Blain, le manager, et les deux entraîneurs Robert Samatan et Jean Duhau.

« Quelquefois, on rejouait blessé, on remettait des équipements mouillés car ils ne séchaient pas à l'hôtel, se souvient Merquey. Nous ne menions pas un train de vie luxueux. Il pleuvait souvent, il ne faisait pas chaud. Certains attrapaient des maladies de peau, des furoncles. Et il fallait jouer quand même. » Il fallait jouer et souffrir physiquement et techniquement pour battre des équipes très robustes. Bien sûr, il y avait des joueurs exceptionnels dans cette équipe. Merquey parle avec admiration de Brousse, Ponsinet – l'homme qui ouvrait les boîtes de sardines avec les doigts pour le plus grand bonheur de notre ami journaliste André Passamar –, Bartoletti, Calixte, Mazon et, bien entendu, Puig-Aubert, élu par la presse australienne comme le meilleur joueur du monde. Les clubs de Sydney lui avaient fait, à lui et à Brousse, des offres de service délirantes pour rester jouer en Australie. Mais pour Merquey, l'élément déclencheur de cette tournée, l'homme qui fit basculer la tournée du bon côté, ce fut Jean Dop, « le seul demi de mêlée qui mousse », comme il disait de lui-même. « Les Australiens étaient plus forts que nous, plus méthodiques, mieux organisés, explique Merquey au physique moins imposant que ses adversaires (1,66 m, 70 kg) mais à la science du jeu éclatante. Nos premiers matches ont été laborieux, houleux, même si nos avants ne se laissaient pas faire. À Sydney, ça allait, mais dès que l'on allait en province, c'était rude. Dès que nous étions dans nos 22 mètres, on nous sifflait des fautes invisibles. Et pour tout dire, on n'arrivait pas à franchir les défenses. Dop, qui faisait le pitre sans arrêt, a tout déclenché pour déstabiliser les défenses. C'était une boule de muscles, qui n'hésitait pas à se mêler aux joutes des avants. Un vrai feu follet. Natif de Saint-Jean-de-Luz, il avait une âme de contrebandier. Il créait du désordre par ses passes incroyables, en multipliant les courses dans l'axe, à droite, à gauche, en travers. Nous, nous anticipions autour de lui, et comme il savait bien donner le ballon, nous nous servions de ce désordre pour attaquer à très vite allure. Par moments, même, il faisait n'importe quoi. Quelquefois je pense que lui-même ne savait pas ce qu'il allait faire. En dehors du terrain, c'était un rebelle, un homme très généreux. »

Sur les vingt-sept matches, la France fit trois matches nuls et concéda quatre défaites, dont deux contre la Nouvelle-Galles du Sud et le club de Riverina, une contre l'Australie et une contre la Nouvelle-Zélande, et remporta la série de tests (2-1) contre les Australiens. La presse australienne la sacra championne du monde. Un succès qui prit des allures de triomphe lorsque l'équipe accosta dans le port de Marseille, après un mois de traversée via Bombay, Colombo et le canal de Suez. Une marée humaine, estimée à cinq cent mille personnes, attendait les joueurs. Ceux-ci défilèrent dans des 203 décapotables jusqu'à la Canebière. « Cela me rappelait MacArthur sur Broadway à Manhattan. Les gens nous acclamaient. On leur disait que nous étions champions du monde. »

Pour Jacky Merquey, c'était le retour à la faculté, puisque ses professeurs lui avaient conseillé de redoubler pour ne pas manquer cette aventure. Pharmacien, installé en Avignon puis à Villeneuve-sur-Lot, il revint plusieurs fois en Australie avec les galons de capitaine. En 1955, son équipe remporta encore la série de tests (2-1) avec le chasseur de crocodiles d'Albi, mais originaire de Graulhet, Gabriel Berthomieu. « Et toujours avec Dop, raconte Merquey. Nous avions perdu le premier test dans la boue (20-8). Lors du deuxième, nous sommes menés 28-14 à un quart d'heure de la fin. C'est parti avec Dop, Jimenez, Duplé. Dans les dernières secondes nous avons relancé sous nos poteaux et avec l'essai de Ducasse, nous avons gagné 29-28. Et nous avons remporté le troisième et dernier test, 8-5. »

La Coupe du monde 1957 fut moins glorieuse. Et la tournée de 1960, dans la souffrance, se termina par une égalité heureuse avec un nul (8-8), une très lourde défaite (55-6) et une victoire (7-5). Et ce ne fut pas glorieux en Nouvelle-Zélande où se poursuivit la tournée avec deux tests perdus (9-2 et 9-3) à Auckland, face à un adversaire à priori plus faible, mais renforcé de main de maitre par Vic Belshaw et son arbitrage patriotique, voire malhonnête. Excédé, le grand Marcel Bescos, homme d'une grande probité, se résolut à l'irréparable et punit à sa façon l'arbitre. En montant en défense, il ne chercha pas à l'éviter, le percuta et le planta dans le cloaque du Carlaw Park. La tenue blanc immaculé du joueur de cricket de l'arbitre avait viré au noir, ce n'était plus qu'une statue de boue. Expulsé, sous la menace d'une longue suspension voire d'une radiation, Bescos échappa à la sanction grâce à son manager Antoine Blain qui, en habile avocat, déclara : « Pour être respecté, il eut fallu que M. Belsham soit respectable. »

Jacky Merquey aurait-il battu les Springboks et les All Blacks, s'il était resté à XV ? Aurait-il participé à la tournée de 1958 en Afrique du Sud ? En tous les cas, entre Souillac et Sydney, il a eu le temps de devenir « champion du monde » à 21 ans.

50

GENTLEMAN ALBALADÉJO

Dans notre histoire certains noms sont passés à la postérité. Ainsi, Prat, Mias, Rives, Blanco, la liste n'est pas exhaustive. D'autres, moins nombreux, sont connus pour leur prénom : Benoît (Dauga), Jo (Maso), Walter (Spanghero). D'autres, sans qu'ils le revendiquent, ont imposé leur surnom. Ainsi Pierre Albaladéjo. « Bala », ça balançait mieux et c'était plus simple à prononcer que AL-BA-LA-DÉ-JO avec toujours le risque d'oublier une syllabe.

Arrière puis demi d'ouverture de Dax et de l'équipe de France, marqueur de drops redouté, premier consultant pour la radio et la télévision, Pierre Albaladéjo a tout de suite joui d'une aura jamais démentie pendant et après sa carrière. L'homme avait de l'allure, une fière personnalité dépourvue de tout orgueil, de l'entregent et une facilité naturelle à passer partout, comme il savait si bien le faire sur le terrain en se déhanchant, ondulant ballon au bout des doigts, pour battre les défenses.

Curieuse, la trajectoire de Pierre Albaladéjo. Il est appelé une première fois en 1954 à l'arrière contre l'Angleterre et l'Italie, mais sa botte reste muette, le buteur de l'époque étant le troisième-ligne et capitaine Jean Prat. Puis il tombe dans l'oubli, Michel Vannier demeurant la sentinelle préférée des sélectionneurs. En fait la carrière de Pierre Albaladéjo aurait pu ne jamais décoller. Un médecin ORL de Dax, le docteur Pinsolle, inconditionnel de l'US Dacquoise, qui ne manquait pas un match, avait remarqué quelque chose de bizarre chez son joueur préféré. Un jour, il lui rend visite au vestiaire : « Je t'ai bien observé pendant le match. Tu respires mal, tu deviens tout rouge après chaque effort. Il faut régler ce problème. » « Bala » admet qu'il ne respire pas par le nez. Dorénavant il va se soigner régulièrement et c'est le docteur Pinsolle qui viendra à son secours la veille de la finale landaise de 1963 contre Mont-de-Marsan, alors que, dévasté par la fièvre, il est sur le point de déclarer forfait. Ce n'est que bien après la fin de sa carrière qu'il décida de se faire opérer à Toulouse par le professeur Serrano. Et c'est ainsi qu'un matin en ouvrant le frigo chez lui, il sentit des arômes inhabituels. « Tiens, lui dit la “Mouche”, son épouse, tu sens des odeurs maintenant ! » « Bala » avait retrouvé l’odorat après 70 ans de vie sans odeur.

À vrai dire, les sélectionneurs ne l’avaient pas dans le nez. Subitement en 1960, ils ressortent du chapeau le nom d’Albaladéjo pour jouer à l’ouverture. Trois drops contre l’Irlande, la légende est lancée. Il en marquera douze au cours de sa carrière internationale. « C’est le meilleur que j’ai vu, assure Jean Prat. Et en plus il tape des drops des deux pieds. » À la télévision, Roger Couderc s’emballe pour « Bala ». Comme Lourdes a eu Prat, Mazamet Mias et Béziers Danos, Dax a, avec Albaladéjo, son maître à jouer. Les Irlandais venaient en pèlerinage à Lourdes pour voir Jean Prat, les aficionados du rugby et de la tauromachie vont à Dax à son bar, le *Bala Club,* ou à son camping du bois de Boulogne pour voir Albaladéjo. Plus exactement pour ses histoires, car c’est un conteur magnifique.

Allez, Bala, parle-nous de la tournée en Nouvelle-Zélande en 1961 ! Il est revenu de là-bas subjugué par la classe des Néo-Zélandais. Par Don Clarke, l’arrière à la botte phénoménale, qui l’invite chez lui. Il assiste à un mini-entraînement avec ses sœurs et sa mère qui lui renvoient les ballons. Il a raconté des centaines de fois le deuxième test de Wellington contre les All Blacks au milieu d'une tempête apocalyptique et d'un vent diabolique. Il a raconté comment sur la tentative de transformation en coin de l'essai de Dupuy le ballon lui est repassé sur la tête pour terminer sa course au-delà de la ligne médiane. « Une quinzaine d'années plus tard, à Auckland, j'ai revu le ballon dans un musée, s'amuse-t-il. Quelle fierté d'avoir connu ces gens, alors que nous, nous avions honte de notre encadrement ! Vingt-cinq ans plus tard, en Afrique du Sud, j'ai eu la surprise de revoir Don Clarke. »

Ce qu'il ne raconte pas, c'est avec quelle discrétion il avait renoncé l'année précédente à la tournée en Argentine. Apprenti typographe à 20 ans, il était en train de monter ses affaires et il ne pouvait pas s'absenter pendant l'été. Roger Lerou, en charge de l'équipe de France, lui explique que ce n'est pas possible, que l'on a besoin de lui. « Je dis à Lerou : "Prenez Dizabo. J'allais le voir à vélo quand j'avais 16 ans. Il est revenu au top." »

Lerou connaissait Dizabo, ouvreur de Tyrosse, qui était passé par le Racing. International pour la première fois en 1948, à moins de 19 ans, Diazabo avait fait la tournée en Argentine en 1949 et avait été remplacé au milieu du Tournoi 1950 pour cause de pleurésie. Et on ne l'avait plus jamais revu en équipe de France. « Lerou devait me prendre pour un fou. Dizabo n'avait plus été appelé en équipe de France depuis dix ans. » Eh bien ! il disputa les trois tests. Et après la saison estivale, les fêtes de Dax, les corridas, et la fermeture annuelle du camping, Albaladéjo reprit l'entraînement, et retrouva tout naturellement sa place d'ouvreur en équipe de France. Ce qui l'amena jusqu'au Tournoi 1964, qu'il voyait comme la fin du parcours, et l'ultime match gagné contre l'Irlande (27-6). « Il y avait en face un jeune de 21 ans qui débutait pratiquement, Mike Gibson. Moi, j'en avais 30. Après le match, il me dit : "Pourquoi tu arrêtes ?" Je lui réponds : "Parce que tu arrives. – Mais tu n'es pas vieux. Regarde, Best [le grand attaquant fantasque de Manchester United qui menait une vie de patachon en dehors des terrains], il a 26 ans et il est déjà vieux." » Gibson, lui, homme de loi très sérieux, qui aime passer ses vacances à Biarritz, va jouer jusqu'en 1978 !

Dans ces conditions il ne pouvait pas renoncer à la tournée en Afrique du Sud, avec le test gagné de Springs (8-6), au sein d'une équipe bénie des dieux et un encadrement qui a fait son bonheur.

« J'ai des souvenirs pleins la tête, dit-il. L'explosion de joie de Michel Crauste après le coup de pied de renvoi suite à l'essai sud-africain en fin de match. Il était monté à fond sur la tentative de transformation. Il n'a pas suivi le ballon. Il me voit taper le coup de pied de renvoi en drop. Il m'interpelle : "Pierrot, pourquoi tu tapes en drop ? – Mais, Michel, ils n'ont pas transformé... – Alors on a gagné !" »

Du coup, « Bala » fait une proposition à Serge Saulnier et Jean Prat, l'encadrement de l'équipe : « Puisqu'on reste encore une semaine ici, si on leur proposait un match de bienfaisance ? Et comme ça, on pourrait faire aussi le jubilé de Jean Prat et ceux qui n'ont jamais joué avec ou contre lui garderaient un sacré souvenir. » Prat a arrêté il y a quatre ans. Il a 40 ans, il est super entraîné. « Bala » est certain que l'on pourra passer un arrangement afin de faire jouer au moins un quart d'heure « Monsieur Rugby ». « Sauf que les Sud-Africains ont vu dans ce match contre le Transvaal une occasion de prendre leur revanche du test. Ils ont même rappelé deux joueurs suspendus. Saulnier a accepté. Prat a décliné l'invitation. On a très vite compris qu'ils voulaient nous corriger. Pas question d'en prendre plein la gueule. »

Après les présentations d'usage et quelques bagarres générales, le match tourna à la démonstration. Et Pierre Albaladéjo se retira sur une victoire (21-9) pour son dernier match avec l'équipe de France. Du moins le croyait-il à ce moment-là. Car un mois plus tard, il vécut un drame. Au retour d'un match amical à Bordeaux contre Bègles, son frère Raymond, Émile Carrère et Jean Othats se tuèrent sur la route du retour vers Dax. Il aurait dû être dans la voiture. Mais il avait donné son accord pour une émission de télévision – déjà – et ses trois coéquipiers l'avaient laissé à la gare de Bordeaux pour qu'il prenne le train de nuit vers Paris.

« Bala » n'avait plus la tête au rugby. « Il a fallu tout le talent de persuasion de Jean Prat et Michel Crauste pour me décider à aller jouer contre les Fidji à Colombes. J'ai cédé. Mais je n'étais pas entraîné. J'ai été nul. Je n'étais pas dans le match. J'avais la tête ailleurs. J'avais l'impression que les gars me protégeaient sur le terrain. Je me suis cassé le poignet. En fait la blessure interne était plus forte. »

Là, c'était bien son dernier match avec l'équipe de France. Mais pas à Dax, où le président René Dassé sut trouver les mots pour relancer « Bala ». « D'accord je fais deux ans encore, mais pas plus. » Cela aurait pu se terminer sur une apothéose avec une quatrième finale en dix ans. Cela se finit sur la finale de la honte entre Agen et Dax (9-8). Probablement le pire souvenir de la carrière de Pierre Albaladéjo, qui se faisait une joie à l'idée peut-être de sortir en beauté après une dernière faena.

« Quelle horreur, cette finale ! Ça cognait de tous les côtés, comme des cons. Les frappeurs se régalaient. Avec Pierre Lacroix, le capitaine d'Agen, que je connaissais bien, on essayait d'arrêter ça, de calmer les esprits. À un certain moment un Agenais (Par charité chrétienne, il préfère ne pas le citer tellement il a honte pour lui) passe à côté de moi. Il me lance : "Vous avez déjà eu trois morts [allusion aux trois coéquipiers décédés dans l'accident de voiture]. Il pourrait y en avoir un quatrième." J'étais ulcéré, hors de moi. Un peu plus tard, poussé en touche, je tombe sur une caméra. Je suis en sang. Et cet Agenais continuait de me narguer. Quelque temps après cette finale, j'ai vu dans un journal une photo de mon tout jeune fils installé sur le bord de la touche et qui regardait, horrifié, ma gueule en sang. Ce n'était pas beau. Lacroix est venu s'excuser dans notre vestiaire. C'était bien mon dernier match. J'étais écœuré, je n'avais vraiment plus envie de jouer au rugby. »

Le rugby reviendra à lui quatre ans plus tard par l'entremise d'Henri Garcia qui commentait le rugby pour Europe 1. « C'était en 1970 pour la finale La Voulte-Montferrand (3-0), raconte Henri Garcia. Nous nous étions installés sur une caisse de bière au bord de la pelouse, tout près de l'endroit où Pierrot, quatre ans plus tôt, avait tamponné une caméra. Jean

Liénard, l'entraîneur de La Voulte, était à côté de nous, qui nous répétait : "On ne peut pas perdre, car j'ai le boulon", un porte-bonheur qu'il trimballait avec lui depuis le début de la phase finale et qui portait chance à son équipe. »

Aussi à l'aise dans ses analyses que dans l'animation de ses trois-quarts, Albaladéjo venait d'ouvrir la voie aux consultants. Il rejoindra ensuite sur RTL Roger Courderc, qui avait été viré de la télé en 1968, et suivra Roger quand celui-ci reviendra en grâce à la télévision. « Bala de Dax » faisait son entrée chez tous les Français.

PARTIE 6

HOMMAGE

JEAN CORMIER, LE CAMPIONISSIMO

Dans le monde d'Internet, dans le nouveau monde donc, le moindre fait divers est instantanément diffusé dans tous les médias et commenté sur les réseaux sociaux de tous les pays. On sait tout. Rien n'est caché, rien n'est ignoré. Pour être certain que l'on ne passe pas à côté du sujet ou d'une info, on emploie sans vergogne le conditionnel qui permet de se dédouaner, au cas où l'on n'a pas vérifié ou que l'on ne peut pas affirmer catégoriquement.

Du temps passé dont je vous parlais, le rugby regorgeait d'histoires. Mais elles n'intéressaient pas grand monde. Mis à part les localiers des canards de province, les envoyés spéciaux des journaux nationaux qui descendaient en province ou qui avaient la chance, pour quelques-uns, de parcourir le monde dans les deux hémisphères, sous toutes les latitudes.

C'était nettement plus tranquille que les reportages des correspondants de guerre. On collationnait les anecdotes et on racontait les plus drôles ou les plus tragiques. De là à nous comparer aux chroniqueurs de l'Histoire, Jean de Joinville, Jean Froissart ou Philippe de Commynes, ou même à César, Tacite, Cicéron, qui ont été les témoins privilégiés de leur époque respective et nous ont abreuvés de récits d'une grande richesse, il ne faut rien exagérer.

Toutes les histoires que vous avez lues dans ce livre ont été racontées par des joueurs eux-mêmes ou rapportées par des journalistes présents sur des événements, qui ont été souvent des interlocuteurs privilégiés de ces aventuriers du rugby, que Lucien Mias appelle si joliment des « patrouilleurs ». Journalistes au rang desquels mon ami Jean Cormier, qui fit toute sa carrière au *Parisien libéré*, fut à la fois, un marathonien, un sprinter, un colosse, un passe-muraille, un grimpeur, un descendeur. Dans une autre vie, Jean a dû être un chien d'arrêt et un chien courant à la fois. Il sentait les coups, il flairait les bons coups, il savait où il fallait être, il avait souvent un temps d'avance. À la lecture de ces histoires de rugby, vous aurez noté que son nom revenait plusieurs fois. Ce n'est pas un hasard. Il avait du nez. Il suffisait de rester dans sa roue pour être à l'arrivée. Avec pour lui, comme pour moi, un principe qu'on nous avait inculqué : ne jamais révéler quelque chose de glauque ou de sulfureux ou qui pourrait nuire. Nous n'étions pas des animaux nuisibles. Il y avait entre les sportifs et nous une complicité non négociée, naturelle, fraternelle. C'est ainsi que nous étions la plupart du temps au premier rang, voire dans les rangs. Alors, les histoires, non seulement nous les connaissions mais nous y participions. Et Jean était vraiment le *campionissimo*.

Michel Rousseau bat le record d'Europe du 100 m nage libre ; Jean téléphone aussitôt à Jean-Marie Rivière qui tient *L'Alcazar*, rue Mazarine, à Paris, un des hauts lieux de la fête voulue par ce saltimbanque qui avait joué au rugby à XIII à Villeneuve-sur-Lot. « Vous êtes mes invités. » Savez-vous avec qui ? Avec Liza Minnelli, reine de la soirée, qui va nous gratifier d'un one-man-show ou plus exactement d'un « one-woman-show » vraiment très chaud. Comme les musiciens ont estimé que, syndicalement, ils avaient terminé leur job et qu'il n'était pas question de l'accompagner, Cormier use de son charme auprès de la star américaine. Effectivement, là, on peut parler de star. Résultat : un show d'une demi-heure a cappella, juste avec le micro. Stupéfiant !

L'équipe de France remporte le Grand Chelem pour la première fois de son histoire en 1968, Cormier mobilise Tony et Castel au Quartier latin pour une fête de quarante-huit heures rue Princesse. Deux jours et deux nuits de folie furieuse dans les bars et boîtes de Saint-Germain.

En Irlande, il insiste auprès de Ken Kennedy pour qu'il nous amène au pub de l'ancien pilier Sean Lynch, où il y a une réunion d'anciens internationaux. L'ambiance va très vite faire vinaigre. Visiblement il y a des désaccords qui dépassent la technique de la mêlée ou des mauls. La politique s'est invitée. Et Ken Kennedy nous a exfiltrés avant que la bagarre ne commence. « Putain, dommage, il nous vire au moment où ça devient intéressant », me dit Cormier sur le trottoir.

Ça, c'était pour le fun, pour la rigolade, puisqu'il cherchait toujours un prétexte pour tomber dans une embuscade. L'embuscade, quelquefois, pouvait se révéler dangereuse. Comme en Argentine pendant la dictature dans les années soixante-dix. À Buenos Aires, il avait voulu que l'on arrache la plaque d'une rue, la « Reconquista », que l'on a planquée sous mon imperméable pour rentrer à l'hôtel. À une minute près, on tombait sur une patrouille et nous étions bons pour la prison. La plaque en question figure comme un trophée de guerre dans son appartement. Et une semaine plus tard, nous avons eu la peur de notre vie à Salta où nous étions venus voir jouer l'équipe de France. Dans cet aéroport presque désert était attendu l'avion du général Videla. Il y avait une véritable armée déployée. Autour de nous déambulait un sergent ou un adjudant, l'exacte caricature du guérillero sud-américain avec la casquette, les ray-bans, les rangers aux pieds, la cabine avancée dépassant du ceinturon où pendait le revolver. Le parfait guérillero décrit par Woody Allen dans son film *Bananas*. Tout à coup une alarme se déclenche. L'avion atterrit. Le militaire s'élance dans l'escalier après avoir hurlé des ordres. Il manque la première marche et c'est le déroulé tête-pieds-tête-pieds, sur sept ou huit mètres. Nous, pour éviter le courroux du gradé qui cherchait du regard ceux qui se moquaient de lui, nous nous étions jetés sous les chaises et les tables. À plat ventre, Jean pleurait de rire.

À vivre de cette façon souvent décalée, Jean était forcément bien informé. *Le Parisien libéré* tirait à peine 20 % de son boulot. Il a régulièrement sorti des infos. Et il a eu deux scoops qui lui vaudront peut-être une récompense au paradis.

Pour ses premiers Jeux olympiques à Mexico en 1968, il fut terriblement marqué par le massacre de

Tlatelolco place des Trois Cultures. Aussi, quatre ans plus tard aux Jeux de Munich, il se mit en batterie dès que fut connue la prise d'otages israéliens par les Palestiniens. Daniel Robin, champion du monde l'année précédente de lutte libre et de gréco-romaine, était très ami avec les lutteurs israéliens qu'il conseillait techniquement. Il appelle Jean. Il réussit à le faire rentrer dans le village olympique avec le badge du nageur Alain Mosconi. Il passe toute la journée dans le bâtiment qui fait face à celui des Israéliens. Il voit le manège des terroristes têtes cagoulées. Tard le soir, il appelle le journal en PCV depuis un téléphone du village. Il dit au chef des infos de nuit : « Passe-moi une sténo, j'ai un papier sur la prise d'otages. J'ai passé toute la journée avec Daniel Robin en face de leur bâtiment. » Et là, réponse laconique du chef : « Ne te casse pas le cul, on a pris l'AFP ! »

Simpson meurt dans ses bras

Mais je crois que c'est la mort du coureur cycliste anglais Tom Simpson qui résume le mieux le caractère de Jean et sa personnalité généreuse. Nous sommes en 1967. Au départ de la 13e étape Marseille-Carpentras, Roger Pingeon est Maillot jaune. Il le gardera jusqu'à Paris. Au départ de l'étape, Jean discute avec Tom Simpson avec lequel il parle souvent de rugby. « Le Tour n'est pas fini, Jean. Il peut s'en passer encore, des choses, aujourd'hui dans le Ventoux. Tu vas voir. »

Georges Duthen, son responsable, se doutant qu'il va y avoir du dégât, dit à Cormier : « Jean, aujourd'hui, vous ramassez les morts. » Ce qui voulait dire dans notre jargon journalistique : vous ferez un papier sur les coureurs qui abandonnent et montent dans la voiture balai.

Cantonné à l'arrière, Jean se trouve très vite derrière Tom Simpson, qui est à la dérive. Celui-ci demande à boire aux spectateurs massés sur le bord de la route. Il boit n'importe quoi : de l'eau, de la bière, du pastis, du vin. Il tombe. Il se relève. Il tombe de nouveau. Il se relève encore. Il tombe lourdement. Jean saute de la voiture et se porte à son secours. Une spectatrice, infirmière, fait le bouche-à-bouche à Simpson. Exténuée, elle demande à Jean de le relayer. Tant bien que mal, il essaie. Simpson est mort quand les secours arrivent. Jean a eu le temps de fouiller dans son maillot et a pris toutes les pastilles.

Félix Lévitan, codirecteur du Tour de France avec Jacques Goddet, rédacteur en chef du *Parisien libéré*, demande à Jean de l'accompagner à l'hôpital.

« Bien entendu, Jean, vous ne faites pas d'article. Et comme vous parlez anglais vous m'accompagnerez à la morgue d'Avignon où il y aura Mme Simpson. »

Adieu le scoop, pensez-vous ? Oui, il aurait certainement écrit un magnifique papier sur le calvaire et la mort annoncée de son pote. Mais il n'aurait pas égratigné sa mémoire. « Les pastoches, je les ai jetées. J'aurais pu les faire analyser par un copain pour savoir ce que c'était. Mais on s'en fout ! »

Il n'y avait pas que des vautours dans notre profession. Mais il n'y eut qu'un Jean Cormier, adoré de tous les grands joueurs de rugby du monde entier, et aussi des autres moins connus, aimé de tous les grands champions : Killy, Vuarnet, Robin, Jazy, Colette Besson, Poulidor, Anquetil, Merckx, Fignon, Hinault, Rousseau, et les innombrables joueurs de rugby au rang desquels figuraient Walter et Claude Spanghero, Dauga, Maso, Carrère, Rives, Blanco et tous les piliers basques.

La saloperie de cancer est venue nous l'enlever bien trop tôt à 76 ans. Et depuis nous, tous ses amis, nous voilà plongés dans un long hiver.

PARTIE 7

PASSES CROISÉES

EN SI BONNE COMPAGNIE

DE JEAN-PIERRE LACOUR[1]

C'était le temps d'un président de la République qui proposait le rappel d'un joueur pour le capitanat du XV de France. Le soutien présidentiel était, en outre, légèrement inattendu en faveur d'un gaillard généralement peu conforme à l'ordre établi, un certain Walter Spanghero. Nous avions entendu souvent ce dernier se gausser des dirigeants de l'époque, en les traitant de « gros pardessus », pour leur appétit de pouvoir et de grosse bouffe, ce qui lui avait valu excommunication. Et, même, eut-il l'aplomb de refuser la Légion d'honneur au simple motif que lui, simple international, n'avait jamais rien fait pour la France ! Mais qu'importe ! Pompidou, quand même, quel avocat !

À juste titre. La cause était bonne. Il y avait l'étalage de sa classe, bien entendu, sur tous les stades du monde, mais aussi sa présence dans la vie de tous les jours. Il était d'une drôlerie, parfois irrésistible, grâce à des formules qui sont entrées dans l'histoire du rugby, assaisonnées de son accent inimitable. Mais, ce qui est moins connu, c'est qu'il possédait une intelligence tous terrains, très pénétrante, qui a fait sa fortune personnelle. Sa générosité, enfin, ne lui a jamais fait perdre de vue ses pairs, qu'il rassemble régulièrement. Un homme accompli.

Bien sûr, les moments rigolos sont souvent ceux qui reviennent, avec un personnage pareil. Je crois bien n'avoir jamais voyagé autant entre deux villes, entre Paris et Toulouse, qu'à l'époque. Je dois l'avouer, j'étais reçu chez lui et c'était un honneur. Un certain soir, il était d'abord question d'un dîner à une excellente adresse. Et, de fait, je le découvris dans les bureaux de son entreprise de location de voitures, vêtu d'un superbe costume trois-pièces, prince-de-galles, je crois. Qui faisait son effet, vu la taille et la prestance du bonhomme.

Dans le vaste garage derrière les bureaux, presque vide et plongé dans le noir, on distinguait un halo de lumière. Walter y jetait un coup d'œil de temps en temps, en grommelant : « Qu'est-ce qu'il fout ? » Ce qu'il foutait, un bien jeune mécano, c'est qu'il déposait le moteur d'une camionnette. Il n'avait pas l'habitude. Il n'avait pas le physique. Pour l'intimider plus encore, il y avait maintenant, au-dessus de lui, au bord de la fosse, le patron, ses cent kilos, son mètre quatre-vingt-dix, et son immense notoriété. Habillé comme un milord. Une statue du Commandeur. Et soudain, milord descendit dans la fosse, empoigna les chaînes, et déposa ce fichu moteur. On entendit une plainte derrière nous. C'était Michèle qui, connaissant trop son industrieux mari, était venue et constatait le désastre, chemise, gilet et même manches de veste souillés, irrémédiablement. Je n'oublierai jamais le visage de Walter. Secrètement content d'avoir fait le boulot. Faussement gêné pour sa femme qui lui râlait dessus. Et avec une belle envie de rire de la situation. J'avais beaucoup de mal à me retenir moi-même. J'avais l'impression d'être dans l'une des scènes d'un film de Georges Lautner, et il ne nous manquait qu'une saillie de Michel Audiard. L'humeur du temps…

C'est dans l'esprit du temps, d'ailleurs, que mon chef de service, Henri Garcia, m'avait dédicacé un peu plus tôt l'un de ses livres : « Que ces Contes du rugby te laissent dans l'âme quelque chose de doré. » « Quelque chose de doré » : c'était la reprise d'une phrase de Kléber Haedens. Kléber, justement grand ami d'Antoine Blondin, qui avait tout résumé, un jour, grâce à l'un de ses inoubliables traits d'esprit : « L'ovale nous attache par sa rondeur. »

Antoine, bien sûr, c'était notre propre et proche étoile, à nous, les modestes plumitifs, et il nous avait aussi offert, par chance, le bienfait de sa présence et de son style dans notre univers du sport. En plus, je lui dois indirectement un voyage, complètement inattendu, avec celui qui était devenu son ami très cher, un joueur peu commun, qui a bien failli aussi être un personnage de l'un de ses romans, je veux dire Guy Boniface. On ne peut imaginer, entre Guy et André, deux frères plus proches par le cœur, et plus différents par le tempérament. Guy fut surnommé « le gai cavalier » par le journaliste anglais du *Guardian*, Denys Rowbotham, et c'était tout dire. Il faut ajouter à cela un caractère du feu de Dieu qui en faisait un guerrier sur le pré. L'autre, André, super athlète, passionné de technique, était un ascète perfectionniste.

Or, c'est justement pour retrouver André que Guy me lança dans une aventure aussi imprévue qu'improbable, un jour de février. Le soir du match, rendez-vous à *L'Arc-en-ciel*, la boîte de Mont-de-Marsan. Sortie vers une heure du matin. Vraiment rien à signaler. Et voici que Guy me fait des grands signes : « Viens, viens vite, on part à Cagnes ! » À Cagnes ? « Oui, à Cagnes-sur-Mer. Dédé est là-bas avec Antoine, chez Marcel Jullian » Et il ajouta : « Tu conduiras cette nuit. Je te relaierai au matin. » Pas loin de huit cents bornes. Sans autoroute, à l'époque. En plein hiver.

Heureusement, le temps fut clément et la voiture était excellente. Et c'est ainsi que je découvris l'homme et que je compris pourquoi Antoine l'estimait tant. « C'est étrange, me dit-il, mais je n'ai rien d'un joueur français, destiné à jouer en France. Je me sens totalement proche des Britanniques. J'adore leur façon de débarquer dans le vestiaire, en sifflotant, la tête libre. Ils ne pensent au match qu'au coup de sifflet. Et ils l'oublient dès que c'est fini. En dehors, ils vivent. Des hommes. Pas seulement des joueurs. » Mais alors, comment faisait-il donc pour être si proche d'André, son antithèse ? « Parce que je l'admire plus que n'importe qui d'autre. Il essaye et accomplit des choses absolument magnifiques sur un terrain. Il est dans la foulée de Dauger, tu comprends ? Je me dois d'être à ses côtés, de l'aider de toutes mes forces. » Comment faisait-il donc, sans la dévotion d'André à l'entraînement ? « Je n'ai pas besoin de beaucoup de travail pour me préparer, je suis comme ça. Et puis, c'est dans la tête que ça se passe. Les Anglais, je te l'ai dit, savent cela mieux que nous. »

Près de l'arrivée, nous avons traversé le massif de l'Estérel. Un ciel bleu et un tapis, que dis-je, un nuage de mimosa ! « Tu vois que cela valait la peine », rigolait-il. Ô combien ! avec un gars pareil, et avec Antoine et André au bout de la route !

Et puis, il y a la légende. Ceux que l'on n'a pas pu voir jouer. Guy Boniface parlait donc de Jean Dauger, comme d'un maître. En effet. Un destin romantique. Des ailes aux talons. La prestance d'un prince. Partout admiré. Mais quelques piges dans un sport professionnel, le XIII, ruinent sa carrière internationale. L'artiste maudit. Et c'est lui, et pour cause, qui a inventé l'expression « gros pardessus ». J'étais donc né trop tard pour le voir jouer, mais rien ne peut me faire oublier une douce soirée d'été, dans le vieux San Sebastian, lorsqu'il nous avait conduits dans l'un de ces endroits de lui seul connus. Festin de pibales. Arrosé d'un vin gris apparemment inoffensif, mais dangereux pour un apprenti journaliste imprudent. J'étais donc un peu gris moi aussi. Avec l'ami Lalanne, nous le regardions, juste devant nous, cheminer avec sa fille à son bras, il faut le dire d'une rare beauté, parfaitement assortie à son père, altier comme toujours.

Je répétais mon admiration pour la demoiselle, si bien que Lalanne, un peu parti peut-être aussi, me dit : « Alors, attaque, petit ! » Instant de lucidité. « Non mais, vous avez vu au bras de qui elle est ? Voyez-les, tous les deux. Ils viennent d'une autre planète ! »

Car il faut le dire : ils ont beau nous accepter auprès d'eux, il y a, en vérité, un trop long chemin au commun des mortels, pour être réellement proche des êtres les plus doués, en quelque domaine que ce soit.

Mais cela ne fait rien. Trop heureux qu'ils nous aient ainsi accueillis, près d'eux. Et dans le genre, je crois bien que les mercredis de la rue Princesse, à cheval sur les années soixante et soixante-dix, furent un sommet de bonheur commun, entre joueurs et journaleux. Imaginez que, chaque mercredi précédant un match du Tournoi, les deux tiers des Bleus, oui, les deux tiers, nous retrouvaient dans cette rue, depuis mal rebaptisée « rue de la soif », dans un bar ! Oui, à quatre jours du sacro-saint Tournoi ! Il n'était pas question de les interroger, de leur demander qui ils craignaient, quelle tactique ils adopteraient… Franchement non. Je crois bien que c'était une forme de communion de la gaîté. Quand on y repense aujourd'hui, cela paraît presque incroyable, en vérité.

Alors, quand la vie ne nous les a pas arrachés, comme Guy, mort sur la route, on peut encore retrouver quelques-uns des gars du rugby de ce temps-là, lors de rendez-vous impromptus. Il peut même s'agir d'un géant de la génération précédente, de Lucien Mias, qui vint honorer les 90 ans de Denis Lalanne de sa présence, grâce à l'entregent de Serge Bianco. Et, ici ou là, ils sont encore présents, droits, comme « Bala », Benoît Dauga, Christian Darrouy, Pierrot Villepreux ou Jo Maso ; un peu cassés comme André Herrero ou « la Gruche », ou comme notre cher Walter, justement, en grande et douloureuse bagarre avec ses prothèses. Nos bras s'ouvrent et c'est comme si l'on s'était quittés la veille. Et nous sommes en sacrément bonne compagnie.

1. Ancien journaliste de *L'Équipe*, de *France-Soir* et chef des sports au *Figaro*. En 1968, il fut le seul journaliste français et européen à couvrir les sélections américaines d'athlétisme pour les Jeux Olympiques de Mexico et à interviewer les protestataires Tommy Smith et John Carlos, avant leur coup d'éclat du poing levé sur le podium du 200 mètres. C'est là qu'il découvrit Dick Fosbury et sa technique sur le dos qui devait révolutionner le saut en hauteur. De retour en France, les techniciens français se gaussèrent : « Comme toutes les modes ça passera ! »

CANAL, CHARLES, ÉRIC ET LES AUTRES

Au début des années soixante, Roger Couderc avait poussé à la roue pour que la télévision s'intéresse davantage au rugby. Le voilà un dimanche d'hiver à Toulon pour commenter un match de championnat du Rugby Club Toulonnais. À la fin du match, un grand repas réunit les joueurs, les corps constitués, et les invités du président Claude Meiffret, patron d'une grosse entreprise de transports. À la fin du repas, très discrètement, le président Meiffret prend Roger Couderc dans un coin. « Dites-moi, pour le match, ça fait combien ? Au nom de qui je dois faire le chèque ? » Stupeur de Couderc, qui lui répond : « Mais c'est la télévision qui va vous faire un chèque. C'est nous qui allons vous payer. » Claude Meiffret, un président à l'ancienne, comme l'on dirait aujourd'hui, s'exclame : « Champagne pour tout le monde ! »

J'ai raconté l'histoire à Charles Biétry lorsque celui-ci m'a demandé de l'épauler pour lancer le rugby sur Canal+ en 1985 et de l'aider à rencontrer les dirigeants de la Fédération française de rugby. Et c'est comme cela que j'ai introduit Charles Biétry auprès du tout-puissant président Albert Ferrasse, à Toulouse, à la mi-temps d'un comité directeur. Biétry lui a expliqué qu'il n'avait pas beaucoup d'argent mais qu'il lui offrait une belle exposition pour son rugby de clubs. Et Ferrasse accepta lui disant qu'il ne serait pas gourmand financièrement pour favoriser le lancement de la chaîne. Et que l'on discuterait plus tard lorsque Canal serait riche.

Petite entrée en matière pour évoquer au milieu de ces souvenirs d'un autre temps l'aventure exceptionnelle de Canal+, qui a accompagné l'envolée du rugby à la télévision. Une façon de rappeler les débuts à la portion congrue du rugby sur la chaîne ainsi que mes propres débuts, qui avaient été précédés de quelques tours de chauffe auprès de Pierre Salviac sur des matches du Tournoi entre Britanniques et par mes deux tests contre l'Australie, là-bas, aux côtés de Roger Couderc qui m'avait demandé de remplacer

Pierre Albaladéjo, forfait pour cette tournée de l'équipe de France.

Ah ! Roger, tout un poème ! On ne peut pas parler du rugby sans évoquer Roger Couderc, qui fit rentrer le rugby dans les chaumières de toute la France. Rendez-vous compte que le général de Gaulle mit à sa disposition un avion militaire tout de suite après le match afin qu'il ramène de Dublin des images d'un Irlande-France pour passer au journal télévisé de 20 heures ! De l'avis de ses meilleurs amis il ne connaissait pas grand-chose au rugby, mais il avait compris avant tous ses collègues la puissance de la télévision qui commençait à percer alors que ceux-là mêmes ne voulaient pas y aller. Comédien au théâtre à ses débuts, avec un bagout de bateleur, conteur merveilleux, il s'était rodé au catch, faisant de ce sport un spectacle national. Il avait compris que le rugby était une chanson de geste. Il amplifiait, il exagérait, il glorifiait, il sanctifiait. Il était inimitable. Prisonnier de guerre, embauché après sa libération au journal *Libres*, l'organe du ministère des Prisonniers, c'est ainsi qu'il se retrouva aux côtés d'Henri Fresnay, la grande figure de la Résistance, et qu'il devint copain avec François Mitterrand. Les gens ne sont pas devenus dingues du rugby mais de Roger Couderc.

Roger nous a quittés en 1984 et n'a pas connu les débuts de Canal+. Et il aurait aimé d'emblée cette petite chaîne et Charles Biétry, qui m'ont fait rentrer dans une autre dimension du journalisme. Premiers commentaires avec Charles et Patrick Sébastien, premières caméras dans le vestiaire de Narbonne, lors d'un quart de finale de Coupe de France contre Lourdes à Toulouse, devant un millier de spectateurs. Numéro d'équilibriste avec Thierry Gilardi installé au poste de commentaire en haut de la tribune et moi-même commentant avec lui en patrouillant le long de la touche. En attendant de faire équipe avec Éric Bayle, le Bayonnais passé comme moi au lycée Marracq de Bayonne, fils de Paul, journaliste à *Sud-Ouest*, longtemps correspondant de *L'Équipe*. Et d'accompagner nombre de jeunes sur les stades de France, devenus des pointures et des journalistes de référence.

Première Coupe du monde 1991, tournées des All Blacks, Springboks et Australiens dans l'hémisphère sud, puis Coupe du monde 1995 et 1999, déplacements dans le confort total, quelquefois en jets privés, je crois pouvoir dire que nous avons été gâtés par le patron Charles qui faisait la part belle aux journalistes de terrain. Du moment que, sur le terrain, les journalistes ne trichaient pas et ne cherchaient pas à se mettre en scène au détriment du match, des images, du spectacle. L'équipe de Canal, c'était quelque chose.

Comme je disais en préambule à Fabien Galthié, c'était bien avant.

Épilogue

Au sortir de toutes ces histoires qui nous rappellent les aventures des Trois Mousquetaires et de Fanfan la Tulipe, vous aurez compris, je l'espère, que le rugby a permis à des hommes de s'épanouir et de passer une belle jeunesse. N'est-ce pas l'essentiel quand on lit l'histoire emballante d'un nonagénaire tel que Jacky Merquey, l'histoire émouvante de Roger Bourgarel au pays de l'apartheid, celle bouleversante de la rock star Andy Ripley, celles grisantes d'Henri Fourès ou Jacques Chaban-Delmas, celles héroïques de Lucien Mias, Benoît Dauga, Walter Spanghero, Jean-Pierre Rives ? Tout ça pour arriver à la conclusion bien définie de Pierre Villepreux : « J'ai fini par comprendre que ce qu'il y a de plus sérieux dans le rugby, c'est de bien s'y amuser. »

Table des matières

Partie 2 – L'armée des ombres

Partie 3 – Les coulisses de l'ovale

Partie 4 – Caractères

Partie 5 – Géants

Partie 6 – Hommage

Partie 7 – Passes croisées

Direction : Jean-Louis Hocq
Direction éditoriale : Jean-Philippe Bouchard
Éditeur junior : Maxime Lafon
Correction : Judith Levitan
Couverture : Thierry Sestier
Mise en pages : Nord Compo
Fabrication : Emmanuelle Laine

MIXTE
Papier issu de sources responsables
FSC® C003309
FSC
www.fsc.org

cet ouvrage s'engage dans une démarche
de certification FSC® qui contribue à la préservation
des forêts pour les générations futures.

Pour en savoir plus :
www.editis.com/engagement-rse/

Achevé d'imprimer en juin 2021
par Normandie Roto Impression s.a.s.
N° d'impression : 2103214
Imprimé en France